ESPERANZA

(Past Tense Version)

Cover and Chapter Art by
Irene Jiménez Casasnovas

Written by
Carol Gaab

Copyright © 2011 Fluency Matters
(a subsidiary of Wayside Publishing)
Dual version created 2018

2 Stonewood Drive, Freeport, Maine 04032
FluencyMatters.com

ISBN 978-1-935575-29-0

A NOTE TO THE READER

This Comprehension-based™ reader is based on a true story. The characters and events are real. To protect the family, all names (but one) have been changed.

The story was written with just 200 unique words and numerous cognates (words that are similar in two languages), making it an ideal read for advanced-beginning language learners. All words/phrases are listed in the glossary. Many words are listed more than once, as most appear throughout the story in various forms and tenses. Culture-based words and vocabulary structures that would be considered beyond a novice level are footnoted within the text, and the meanings are given at the bottom of the page where each first occurs.

There are two versions of this book under one cover. The past tense version is narrated completely in the past, with dialogue in the appropriate tense. The present tense version is narrated in present tense with dialogue in the appropriate tense.

We hope you like the story and enjoy reading your way to FLUENCY!

Índice

Esperanza

**THIS IS THE
PAST TENSE VERSION OF
Esperanza.**

**TO READ THIS BOOK IN
THE PRESENT TENSE,
TURN BOOK OVER AND READ
FROM BACK COVER.**

Frases culturales / Cultural Phrases

quetzales - the currency of Guatemala

Estados Unidos (EE. UU.) - United States (U.S.)

Guatemala - a country in Central America, directly south of Mexico

Ciudad de Guatemala - Guatemala City

Patrulla Fronteriza - Border Patrol

guayabera - embroidered button-up shirt that is traditionally worn by Mexican men

coyote - a person who is hired to illegally smuggle immigrants across the U.S.-Mexico border.

Guatemala

México

Belize

Chiapas, México

Honduras

● Guatemala City/
Ciudad de Guatemala

El Salvador

Pacific Ocean

Capítulo 1
El teléfono

Era un día normal. Eran las 8:00 de la mañana y preparaba café. Mi hijo, Ricardito, miraba la televisión. La bebé le hablaba a Ricardito: «Ba, ba..., ba, ba, ba». En ese momento, el teléfono sonó[1]: «Ring..., ring...». Pensé que era mi madre. Normalmente me llamaba a las 8:00. Mi madre me llamaba mucho.

[1]*sonó - (it) rang*

1

«Ring..., ring...».

– Hola.

«Respiración...».

– ¡Hola!

«Respiración...». «¡Clic!».

No era mi madre. Era una persona misteriosa. La persona misteriosa me llamaba mucho. Llamaba, pero no hablaba. Solo respiraba: «Aaaah, uuuuh..., aaaah, uuuuh». Estaba nerviosa. En ese momento, mi bebé lloró: «Buaaa, buaaa».

– ¡Mamá, la bebé está llorando! –me dijo Ricardito.

Ya no pensaba más en la persona misteriosa. Pensaba en mis hijos.

– Mamá, ¿por qué llora la bebé?

– Porque tiene hambre –le respondí yo.

– Yo tengo hambre, pero no lloro.

– Ji, ji, ji... tú no e…

El teléfono sonó otra vez: «Ring..., ring...». Agarré el teléfono nerviosa, pero no hablé. Pensé un momento y decidí hablar:

– Hola...

«Silencio...».

– ¡¿Qué quiere?! –dije con un tono nervioso e irritado.

– No quiero nada. Solo te llamo para hablar –me dijo mi madre.

– ¡Ay, mamá! Perdón –le respondí yo.

– ¿Qué pasa, mija? ¿Qué tienes[2]?

– Nada, mamá –le respondí–. La bebé está llorando. Tiene hambre.

– Es...b...lla...s...t... «Clic».

Estaba irritada. ¡El servicio telefónico de Guatemala era horrible! Preparé una botella para la bebé y el teléfono sonó otra vez. «Ring...». Agarré el teléfono rápidamente y continué hablando con mi madre:

– Ay, mamá..., el servicio telefónico de Guatemala es horrible. ¡¿Es posible hablar por teléfono sin interrupción?!

«Respiración...».

– ¿Mamá...?

«Respiración...».

La persona misteriosa me llamaba otra vez. No quería hablar con la persona misteriosa. No quería

---

[2] *¿Qué tienes? - What's the matter?*

que me llamara. Estaba muy irritada y un poco nerviosa. Yo le dije:

> – ¡¿Qué quiere?! ¿Por qué me llama?... ¡Hábleme!

«Respiración...». «Clic».

¡El teléfono me atormentaba! Mi hijo me miró. Solo tenía cuatro (4) años, pero era inteligente y observador. Él observó que estaba nerviosa y me dijo:

> – Mami, ¿qui…

«Ring...». El teléfono lo interrumpió. Mi hijo me

miró a mí y miró el teléfono. «Ring..., ring...». Ya no tenía paciencia. Agarré el teléfono rápidamente y dije con un tono furioso:

– ¡No me llame más!

– ¿Mija?... –me dijo mi madre.

– ¡Ay, mamá! Perdóname.

– Mija, ¿qué tienes?

No quería hablar con mi mamá de la persona misteriosa. Mi mamá era una persona nerviosa. No quería alarmarla. Ella repitió:

– Mija, ¡¿qué tienes?!

Ella era muy persistente. Decidí explicarle la situación:

– Por las mañanas, el teléfono suena. Una persona misteriosa me llama, pero no habla. Solo respira en el teléfono. Es horrible.

– ¡Ay! ¡Alberto causa muchos problemas! – me dijo mi madre.

– ¡¿Alberto?!... –le respondí confundida.

– ¡Sí, Alberto! ¡Él es bruto! –me dijo mi madre con indignación.

– Alberto es buen esposo. Es buen padre. Es buena persona –le dije en defensa de mi esposo.

– La obsesión de Alberto con el sindicato[3] te causa muchos problemas.

– Mamá, Alberto no tiene obsesión. ¡Tiene pasión!

– ¡Su participación en el sindicato es una obsesión! –me respondió mi madre con un tono sarcástico.

– ¡Es una pasión! El sindicato combate la corrupción. Representa a la justicia. El sindicato es nuestra esperanza[4].

1. Es la persona en el telefono
2. El bebo lloraba
3. Alberto no estuvo alli

[3]*sindicato - union*
[4]*esperanza - hope*

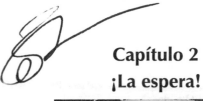

Capítulo 2
¡La espera!

A las 11:00 de la mañana, fuimos a la tortillería por tortillas. Liliana no estaba contenta. Lloraba mucho y le hablé para calmarla:

– ¿Qué tienes, Lili? Cálmate. No llores.

Lili continuó llorando y yo decidí regresar a casa. Íbamos en dirección a la casa y Ricardito me preguntó:

7

– Mami, ¿adónde vamos? No tenemos tortillas.

– Vamos a regresar a casa. Lili no está bien.

– Pero yo quiero tortillaaaas –gritó Ricardito.

Ricardito no estaba contento. Él lloraba. Ahora,
Ricardito y Lili lloraban. «Buaaa..., buaaa..., buaaa».
¡Los dos lloraban y lloraban! Cuando regresamos a
casa, mis hijos ya no lloraban más. Lili estaba muy
silenciosa. De repente, ella vomitó. Ricardito miró a
Lili y gritó:

– ¡Mamá, Lili está vomitando!

Lili vomitaba mucho. Yo miré el vómito y quise
vomitar. ¡Ay! Lili lloró y vomitó todo el día. Ricardito
no estaba contento y me dijo:

– Mami, ¿Cuándo regresa Papi?

– Después del trabajo, mijo.

Ricardito lloraba porque quería que su papá regresara. Yo también quería que Alberto regresara,
pero no era posible. Él trabajaba mucho. ¡Era trabajador[1]! Normalmente no regresaba hasta las 6:00 de

---

[1]*trabajador - hard worker*

la tarde. A las 5:00, Ricardito lloraba y preguntaba por su papá. De repente, él gritó: «¡Uy!», y entonces, Ricardito vomitó. ¡Ay, ay, ay! ¡Qué día! ¡Qué día de llorar y vomitar!

Quería llamar a Alberto, pero él estaba trabajando. No quería causarle problemas en su trabajo. Alberto ya tenía suficientes problemas en su trabajo. Trabajaba para la Ciudad de Guatemala[2]. Era chofer para el Departamento de Transporte Público. No era un buen trabajo, pero ¡era un trabajo!

Alberto era el presidente del sindicato. Él no era popular con los políticos de la Ciudad de Guatemala. Ser presidente del sindicato le causaba problemas en su trabajo. No quería causarle más problemas y no iba a llamarlo. Lo esperé...

A las 6:00 de la tarde, Ricardito me preguntó:

   – Mami, ¿cuándo regresa papi?

   – Pronto, mijo, pronto...

Por fin, Lili se durmió pero Ricardito no se durmió.

---

[2]*Ciudad de Guatemala - Guatemala City*

Él esperaba a su papá. Nosotros dos lo esperamos en el sofá. Esperamos una hora, pero Alberto no regresaba. Decidí llamarlo por teléfono. No quería llamarlo a su trabajo, pero ya eran las 7:00 de la tarde. «Ring..., ring..., ring...». Lo llamé otra vez. «Ring..., ring..., ring...». Lo llamé una vez más. «Ring..., ring..., ring...».

Ricardito y yo esperamos una hora más y entonces, Ricardito se durmió. Estaba fatigada, pero no me dormí. Esperé a Alberto. Me preguntaba: «¿*Dónde está? ¿Hubo³ un accidente?*». Estaba muy preocupada y completamente exhausta. Mi imagi-

nación me causaba problemas: Me imaginaba un accidente horrible. Me imaginaba que él estaba en la cantina. Me imaginé que él... estaba con otra...

En ese momento quería llorar. Quería dormir. ¡Quería que Alberto regresara! Lo esperé en el sofá y pensé en la situación. Me preguntaba: «¿*Quién llama por teléfono? ¿Dónde está Alberto? ¿Por qué no regresa?*». Estaba muy preocupada, pero tenía esperanza...

³*hubo - there was; was there?*

11

Capítulo 3
El mensaje

A las 7:00 de la mañana, todavía estaba en el sofá esperando a Alberto. Estaba preocupada, exhausta y ¡furiosa! De repente, el teléfono sonó. «Ring...». Tenía miedo. Pensé: *«¿Quién llama? ¿Es Alberto? ¿Es la persona misteriosa? ¡¿O… es la morgue?!»*. «Ring..., ring...». Yo contesté el teléfono y hablé nerviosamente:

12

– Hola.

– «Respiración»... Quiero hablar con Alberto
   –demandó una voz siniestra[1].

No quería contestarle, pero por fin, le respondí
nerviosa:

– Alberto no está. ¿Quién habla?

La voz siniestra no me respondió. Solo dijo:

– Tengo un mensaje[2].

– ¿Sí?...

– Alberto Reyes tiene veinticuatro (24) horas
   para escaparse de Guatemala. Si él no se
   va de Guatemala, vamos a matarlo[3] y a su
   familia también. «Clic».

Al instante, el teléfono sonó otra vez. «Ring...».
¡Tenía miedo! ¡Estaba paralizada de miedo! «Ring...,
ring...». ¡Qué terror! ¡No quería contestar! «Ring...,
ring...». Por fin, contesté el teléfono y dije:

– Hola.

– Querida... –me dijo una voz nerviosa.

– ¿Alberto?

---

[1]*voz siniestra - sinister, evil-sounding voice*
[2]*mensaje - message*
[3]*matar(lo) - to kill (him)*

– Sí, soy yo. Escúchame. Tenemos un grave
problema –me dijo Alberto.

– ¿Qué pasa? –le pregunté con miedo.

Era obvio que Alberto estaba nervioso. Yo lo noté
en su voz. Él hablaba muy rápido:

– Un trabajador del departamento causó un
accidente en su trabajo y ¡los policías lo
arrestaron!

– ¿Lo arrestaron solo por causar un accidente?

14

– Sí, ¡lo arrestaron!

– ¿Fue un accidente grande?

– No, no fue muy grande, pero acusaron al trabajador de negligencia.

– ¡Qué injusticia! –le respondí yo con indignación.

– ¡Entonces los trabajadores, furiosos, demandaron una huelga! ¡Qué conmoción!

Alberto era el presidente del sindicato. Organizar una huelga era su responsabilidad. Él estaba nervioso y hablaba muy rápido. Continuó explicándome la situación:

– Hablé con todos los oficiales del sindicato y decidimos iniciar una huelga. Organizamos una reunión grande. ¡Había más de mil (1000) trabajadores en la reunión! Todos los trabajadores gritaban: «¡Huelga, justicia..., huelga, justicia...!». Los políticos estaban furiosos. Llamaron a la policía y a los soldados. ¡De repente, muchos policías y soldados entraron con pistolas y rifles! «¡Pum, pum, pum!». ¡Entonces, hubo un caos tremendo! Todos gritaron y corrieron. Yo corrí y me escapé. No regresé a casa

15

porque los policías me están buscando.

– ¡Alberto! –le exclamé–. ¡Tengo un mensaje!... «Alberto Reyes, tienes veinticuatro (24) horas para escaparte de Guatemala. Si no te vas de Guatemala, van a matarte a ti y también a tu familia».

– ¡Tenemos que escaparnos! Voy a ir a la casa de mis padres.

Los padres de mi esposo vivían en México, a unas siete (7) horas de la Ciudad de Guatemala. Vivían en Chiapas, en un área donde se permitía vivir a los guatemaltecos. Chiapas es una zona mexicana y los políticos guatemaltecos no tienen control en México. No estaba contenta con el plan de Alberto: Él iba a escaparse a México y los niños y yo..., ¿qué? ¡Era horrible! Tenía miedo y lloré histéricamente. Lo acusé de abandonarnos:

– ¡¿Vas a abandonarnos?!

– ¡No, no voy a abandonarlos! Nuestra separación es para tu protección y la de los niños. ¡Escúchame! ¡Es importante! Agarra el dinero de la jarra y prepara a los niños lo más rápido posible. Corran a la estación

de autobuses y tomen un autobús a Chiapas. Yo los espero en la casa de mis padres. «Clic».

¡Tenía miedo! Lloré descontroladamente y
pensé: *«¿Va a escaparse Alberto? Vamos a escaparnos nosotros?»*. En ese momento, no tenía mucha esperanza.

Capítulo 4
El escape

– Corre un poco más, mijo –le dije a Ricardito.

– No puedo, mamá.

¡Pobre Ricardito! Él no podía correr más. Teníamos que correr mucho. La estación de autobuses estaba a unas cinco (5) millas de la casa. Después de correr una milla, Ricardito lloró y me dijo:

– Mami, no quiero correr más. No puedo.
Tengo hambre.

– No llores, mijo. ¿Quieres comer?

– Síííííííí –él lloró.

– Vamos a la casa de Tete. Podemos comer
en la casa de Tete.

Tete era mi tía. Realmente no quería ir a su casa.
Quería continuar a la estación de autobuses, pero
los niños tenían hambre. Si teníamos que continuar
corriendo, necesitábamos comer. Cuando llegamos
a la casa de mi tía, ella estaba enfrente de la casa.
Ella nos miró y gritó:

– ¡Qué maravilla! ¿Cómo están mis niñitos
favoritos?

– ¡Tengo hambre! –le respondió Ricardito.

Entramos a la casa y Tete preparó café y cereales.
Yo no hablé mucho porque estaba muy nerviosa. Mi
tía me observó y me preguntó:

– ¿Qué tienes, mija?

Yo le expliqué la situación en privado porque no
quería que Ricardito lo escuchara. Tete reaccionó
con pánico. Me dijo histéricamente:

– ¡Ay, mija! ¡Tienes que escapar! ¡Rápido!

Escuché las noticias[1] en la radio y dicen que hubo mucha violencia policiaca durante la noche. Los policías mataron a tres trabajadores de la Ciudad  de Guatemala. Los acusaron de ser criminales. Dicen que los policías también buscan a otros criminales que trabajan para la Ciudad.

– Sí, tía. ¡Buscan a Alberto! Él es el presidente del sindicato y ¡se le considera un criminal!

– ¿Buscan a Alberto, el criminal? –me preguntó sarcásticamente.

– Sí... Y también buscan a la familia del criminal.

Era obvio que ahora mi tía tenía mucho miedo.

[1]*noticias - news*

Ella dijo con voz nerviosa:

– ¡A comer! ¡Rápido!

Nosotros comimos rápidamente. Comimos en silencio. Después de comer, mi tía agarró unas frutas y me dijo:

– Toma estas frutas.

Entonces, ella agarró doscientos (200) quetzales[2]. Me miró y lloró. Ella no podía hablar. Por fin me dijo:

– Toma el dinero y llámame si tienes problemas.

– Gracias, Tete.

Los niños y yo nos fuimos rápidamente de la casa de mi tía. Pasamos por la ciudad y observamos que había mucho caos. Los trabajadores marchaban por la ciudad gritando: «¡Huelga, justicia..., huelga, justicia!». Los policías y los soldados corrían por la ciudad para controlar a los trabajadores.

Yo tenía mucho miedo. Le agarré la mano a Ricardito y le dije:

– Por favor, mijo, ¡corre!

Ricardito corrió un poco, pero no podía correr

[2]*quetzales - the currency of Guatemala*

más. ¡Yo tampoco podía correr más! Tenía a la bebé en los brazos[3] y ¡estaba completamente exhausta! Continuamos en dirección a la estación, pero no corrimos.

Los niños y yo continuamos por la ciudad durante tres horas. Por fin, llegamos a la estación, pero ¡qué horror! ¡Había muchos policías y soldados guardando la estación! Yo le dije calmadamente a Ricardito:

   – Ricardito, no quiero que hables ni con los policías ni con los soldados. Si un policía te habla, no le respondas.

Ricardito me miró. Lloró y me dijo:

   – Tengo miedo. Quiero regresar a casaaaaaa.

   – No llores, mijo. No tengas miedo –le dije con voz calmada–. Vamos a pasar por

[3]*brazos - arms*

donde están los soldados y vamos a entrar a la estación.

Ricardito continuó llorando. Estaba muy nerviosa. No quería que Ricardito llorara. No quería llamar la atención de los policías. En mi desesperación, le dije:

– Si no lloras, puedes comer un mango...

Ricardito ya no lloraba. Agarró el mango y se lo comió. Yo le agarré la mano a Ricardito y pasamos por donde estaban los policías y los soldados. Los policías no nos miraron, pero cuando íbamos a entrar en la estación, un soldado me agarró del brazo y me preguntó:

– ¿Adónde vas?

– A..., a..., a la estación.

– ¡Es obvio! ¡¿Adónde vas a ir?! –él me gritó.

– Aaa..., aaa... a visitar a mi tía –le contesté nerviosa.

– ¿Dónde? –él me gritó con voz furiosa.

– En Chiapas, México.

– Necesito tus documentos –demandó el soldado.

¡Tenía mucho miedo! ¡No quería revelar mi identidad! Los políticos estaban buscándonos. ¡Si revelaba mi identidad, iban a matarnos!

De repente, un grupo de trabajadores marchó enfrente de la estación. Ellos les gritaron insultos a los policías y a los soldados. Los policías y los soldados corrieron hacia el grupo, incluso el soldado que me tenía agarrada. Le agarré la mano a Ricardito y entré a la estación rápidamente.

Al entrar a la estación, escuchamos un anuncio[4]: «El autobús para Chiapas se va en cinco (5) minutos». Corrimos hacia el agente y le dije frenéticamente:

– Dos boletos[5] para Chiapas, por favor.

Yo tomé los boletos del agente y en ese momento, tuve un poco de esperanza.

[4]anuncio - announcement
[5]boletos - tickets

Capítulo 5
¡A México!

Miré por la ventana del autobús. Ricardito y Lili dormían, pero yo no. No podía dormir. Pensaba en Alberto: *«¿Va a escaparse? ¿Va a llegar a la casa de sus padres? ¿Llegó ya?»*.

En el autobús, las personas estaban silenciosas. Muchas personas dormían y otras miraban por la ventana. Estábamos en un área remota. Miré las montañas y la desolación. No había mucha gente, solo la gente indígena que vivía en las montañas. Continuamos en dirección a Chiapas en silencio.

Pronto, me dormí, pero no pude dormir mucho porque el bus paró[1] abruptamente. De repente, unos soldados corrieron hacia el bus y gritaron: «¡Necesitamos sus documentos!». ¡Tenía miedo! Pensé que los soldados estaban buscándonos.

Los soldados entraron al bus y yo observé a la gente. Muchas personas les dieron dinero a los soldados, pero un hombre no les dio dinero. Solo les dio sus documentos. Un soldado los tomó furiosamente, los miró y violentamente agarró al hombre.

¡Lo arrestaron! Rápidamente, yo agarré cien (100) quetzales. Cuando el soldado pasó frente a mí, le di los cien (100) quetzales. El soldado agarró el dinero y me miró atentamente. Estaba muy nerviosa y no lo miré. Él me agarró del

[1]paró - *stopped*

brazo y me gritó:

> – ¡Ustedes son tres!

> – Ay, perdón –le respondí nerviosa.

Rápidamente, yo agarré doscientos (200) quetzales más y se los di al soldado. El soldado agarró el dinero y continuó por el resto del bus. Después de una eternidad, se fueron. Pensé: «*¡Soldados corruptos! ¡Ellos son los criminales de Guatemala!*».

Por fin, llegamos a Tapachula, Chiapas. Los niños y yo fuimos en dirección a la casa de los padres de Alberto. Ricardito me preguntó:

> – Mamá, ¿ya llegó papi?

> – Es posible –le respondí.

Estaba muy nerviosa. Me pregunté: «*¿Se escapó Alberto? ¿Lo arrestaron? ¿Lo mataron?...*». Continuamos hacia la casa.

Cuando llegamos, Alberto estaba enfrente de la casa esperándonos. Ricardito corrió hacia su papá y yo lloré descontroladamente.

Durante los meses siguientes[2], Alberto obtuvo trabajo. Vivimos con sus padres durante tres (3) meses y después, compramos una casa. Alberto estaba con-

[2]*siguientes - following*

tento, pero yo no. Estaba triste. Estaba sola en México. No tenía familia. Tampoco tenía amigos. México era diferente. ¡Era muy diferente!

Los meses pasaron rápido y yo no me acostumbraba a México. Todavía estaba muy triste. Un día, Alberto me dijo:

– Yo quiero ir a los Estados Unidos[3].

– ¿A los EE. UU.?

– Sí. ¿Quieres ir?

Yo no quería ir a los Estados Unidos. Yo quería regresar a Guatemala. Quería regresar a mi casa. Quería estar con mi familia. Le respondí:

– No, no quiero ir.

– Hay más trabajo en los Estados Unidos – me dijo Alberto.

– ¡Hay más problemas! –le respondí–. ¿Cómo vas a entrar en los Estados Unidos sin documentos legales?

Alberto y yo teníamos documentos oficiales de Guatemala. Todos los residentes (legales) de Guatemala teníamos documentos oficiales. Nosotros no teníamos documentos oficiales de México. Los

[3]*Estados Unidos (EE. UU.) - United States (U.S.)*

guatemaltecos podían vivir en Tapachula, Chiapas, pero no podían pasar por otras áreas de México sin documentos oficiales de México. Alberto y yo no teníamos documentos mexicanos.

Alberto insistió mucho. ¡Quería ir a los Estados Unidos! Él me explicó su plan:

> – Tú y los niños van a regresar a Guatemala. Van a la casa de tu madre. Yo voy a ir a los EE. UU. Cuando llegue, voy a buscar trabajo. Si obtengo trabajo y todo está bien, te llamo y vas tú también.

Durante los siguientes días, Alberto organizó sus planes. No estaba contenta. No quería ir a los EE. UU., pero tampoco quería vivir en México. Estaba triste. No quería que Alberto nos abandonara otra vez.

El día 31 (treinta y uno) de enero de 1989 (mil novecientos ochenta y nueve), mi familia fue a la estación de autobuses. Alberto compró un boleto para Tijuana, México y dos boletos para la Ciudad de Guatemala. Otra vez, estábamos separados. Estaba triste y lloré. Alberto, al contrario, estaba un poco nervioso, pero estaba muy contento. Él tenía mucha esperanza...

Capítulo 6
El abandono

Cuando llegamos a la Ciudad de Guatemala, mi familia no estaba en casa; todos estaban en una misa católica para mi primo[1] Edgar. Era el aniversario de su muerte[2]. Los soldados habían matado a Edgar el 1 (uno) de febrero de 1988 (mil novecientos ochenta y ocho). Lo mataron por participar en un grupo de

[1]primo - cousin
[2]muerte - death

activistas políticos. El grupo planeaba deponer[3] al Presidente Cerezo. Los activistas planeaban deponer a Cerezo porque era un corrupto. Él ignoró muchos casos de abusos violentos. Mi primo, Edgar, era una buena persona. Tenía pasión por la justicia.

La misa fue muy triste. Todos lloraban por Edgar. También lloraban por mí, por mis niños y por Alberto. Había mucha violencia en Guatemala y era normal estar triste. Era normal tener miedo.

Después de la misa, todos fuimos a la casa de mi tía. Comimos mucho y escuchamos música de mariachi. Escuchamos la música favorita de Edgar. Celebramos su vida. Después, íbamos a llorar su muerte. Íbamos a ir al cementerio para lamentar su muerte y para honrarle. Pensar en la muerte de Edgar me daba miedo. Me hacía pensar en la muerte de Alberto...

Durante los días siguientes, esperamos noticias de Alberto. Pasaron cinco días y no recibimos noticias de él. Tenía miedo por él. Muchos guatemaltecos se iban para los EE. UU., pero muy pocos llegaban. Muchos inmigrantes tenían problemas en

---

[3]*deponer - to depose; remove from power*

México. También había mucha corrupción en México. Era normal dar mucho dinero para pasar por México. Sin dinero, era normal tener problemas. Me pregunté: *«¿Tiene Alberto suficiente dinero? ¿Va a llegar a los EE. UU.? ¿Cuándo va a llamarnos?».*

Esperamos unos días y por fin, Alberto nos llamó. Estaba muy contento y me describió su experiencia:

– Tomé el autobús a Tuxtla Gutiérrez y visité

a mi primo, Miguel. Él me dio una guayabera[4] azul. Con la guayabera azul, yo parecía mexicano. Ja, ja, ja. No solo parecía mexicano, parecía un chofer de autobús mexicano. ¡Yo parecía puro mexicano! Los oficiales mexicanos no me miraron, no

[4]*guayabera - Button-up shirt with vertical embroidery, traditionally worn by Mexican (and Latin American) men.*

me notaron, no me preguntaron por mis documentos. Ja, ja, ja.

– ¡Increíble! –le respondí yo–. ¡Recibiste un gran favor de Dios!

– Sí, recibí muchos favores de Dios. Ja, ja, ja. En Tuxtla Gutiérrez, tomé el autobús hacia el norte. Tomé el bus para Oaxaca, D.F.[5], Guadalajara, Mazatlán, Culiacán, Guaymas y al final, Tijuana. En Tijuana, encontré a un coyote[6]. Le di seiscientos dólares americanos ($600 US) para que me llevara a través de la frontera[7]. Mi amigo Fernando, me encontró en la frontera y me llevó a Los Ángeles. Estoy en Los Ángeles y rento un dormitorio en la casa de una familia mexicana. ¡Ya tengo trabajo!

– ¡Ya tienes trabajo! –exclamé yo.

– ¡Sí! Estar en los EE. UU. es otro favor de Dios. ¿Quieres venir?

[5]*D.F. - Distrito Federal, Mexico City (the city officially changed its abbreviation from D.F. to CDMX as of 2018).*

[6]*coyote - a person who is hired to illegally transport immigrants across the U.S.-Mexico border.*

[7]*a través de la frontera - across the border*

No quería ir a los EE. UU., pero no quería decírselo[8] a Alberto. No le respondí y él repitió la pregunta:

– ¿Quieres venir?... ¿Quieres venir a los EE. UU.?

No quería ir a los EE. UU., pero tampoco quería vivir en la injusticia y violencia de Guatemala. Era una decisión delicada. Para ir a los EE. UU., tenía que abandonar a mis hijos. La idea de abandonar a mis hijos me atormentaba. Yo le dije a Alberto:

– No quiero abandonar a los niños.

– Sí, pero es imposible pasar a través de la frontera con los niños.

– ¡No puedo abandonarlos! –exclamé llorando.

– ¡No vas a abandonarlos! –me dijo Alberto con convicción–. Su separación no va a ser una separación permanente. Al obtener la residencia legal, también vamos a llevar a los niños a los Estados Unidos.

– ¿Y si nosotros no podemos obtener la residencia...? ¿Qué? –le pregunté con voz triste.

[8]*decírselo - to say it to him*

– Yo tengo mucha esperanza. Vamos a obtenerla. Los niños no tienen un futuro en Guatemala.

Decidí ir a los EE. UU., pero tenía mucho miedo. Durante los días siguientes, lloré por mis hijos. No quería abandonarlos.

El día 16 (dieciséis) de febrero de 1989 (mil novecientos ochenta y nueve) fue un día muy triste. Mi mamá estaba llorando. Ella tenía a Lili en los brazos. Ricardito me agarró y lloró descontroladamente.

«¡Maaamiiii!», me gritó. Yo también lloré. Fue el día más triste de mi vida.

Me fui para la estación de autobuses y tomé un autobús a Tapachula, Chiapas. Allí me encontré con el hermano de Alberto. La esposa de su hermano era mexicana. Su esposa se parecía a mí y ella también tenía veintitrés (23) años. Sus documentos eran perfectos para mí. La foto de su identificación se parecía exactamente a mí. Ella me dio sus documentos oficiales. Con los documentos, yo podía pasar por México sin problemas.

Al día siguiente, tomé un autobús hacia el norte. Estaba triste y nerviosa. Miré por la ventana y pensé: «*¿Hay esperanza?*».

Capítulo 7
La frontera

Bienvenidos a Tijuana

Pasé cuatro días en el autobús. Cuando llegué a Tijuana, estaba completamente fatigada. También estaba muy nerviosa. Me fui de la estación de autobuses y caminé hacia el norte. Tijuana era muy diferente a la Ciudad de Guatemala. Estaba nerviosa. Tenía seiscientos veinte dólares ($620) y ¡estaba sola! Continué hacia el norte y pensé en el plan: Llegar a la Avenida Puente México, caminar hacia el Canal Río Tijuana, esperar hasta la noche y a las 12:00, buscar a un coyote para que me lleve a través de la frontera.

Caminé durante tres horas, estaba exhausta y tenía mucho estrés. Ya eran las 8:00 de la noche. No quería caminar más. Quería comer. ¡Tenía mucha hambre! Fui a un restaurante y comí dos tortillas con frijoles. Yo quería pagar con quetzales pero no

Esperanza

aceptaban quetzales en México. Solo aceptaban pesos mexicanos o dólares americanos. Yo pagué con dólares y le pregunté a la mesera[1]:

– ¿Dónde está la Avenida Puente México?

– ¿Buscas la frontera? –me preguntó con un tono normal.

Estaba nerviosa y no quería decirle que sí, que buscaba la frontera. Yo le contesté nerviosa:

– No, no busco la frontera. Busco a un amigo. Vamos a encontrarnos en la Avenida Puente México.

Ella me dio direcciones y me dijo:

– No hay amigos en la Avenida Puente México. Guarde su dinero.

– Gracias –le respondí y me fui para el canal.

No caminé rápido. Solo eran las 9:00 de la noche y tenía que esperar hasta la medianoche[2]. Estaba nerviosa. La ciudad estaba muy oscura[3]. Caminé en silencio y guardé mi dinero nerviosamente.

A las diez, llegué al canal. Había mucha gente

[1]mesera - waitress
[2]medianoche - midnight
[3]oscura - dark

38

allí. Todos esperaban en silencio. Esperé nerviosa. Estaba muy oscuro. Entonces, escuché voces en la oscuridad. Una mujer estaba llorando y decía:

> – Solo tengo doscientos dólares ($200). Mi esposo ya le pagó cuatrocientos dólares ($400).

> – Tu esposo no me pagó ni un centavo –el coyote le respondió cruelmente.

La mujer lloró descontroladamente. Yo quería darle dinero a la mujer, pero solo tenía seiscientos quince dólares ($615). Los necesitaba para pagarle al coyote.

Esperé una hora más y observé a la gente. Quería encontrarme con un coyote honesto. Me pregunté: *«¿Existen coyotes honestos?»*. A la medianoche, busqué a un coyote. De repente, un hombre caminó rápidamente hacia mí. El hombre me preguntó:

> – ¿Buscas a un coyote?

¡Tenía miedo! Había escuchado[4] historias de policías que pretendían ser coyotes. También había escuchado historias de criminales que pretendían ser coyotes. No quería responderle. ¡Quería correr! El

---

[4]*había escuchado - I had heard*

hombre me agarró del brazo y repitió con tono irritado:

– ¡¿Buscas a un coyote o no?!

– Aaa…, na… sí –le respondí con mucho miedo.

– Págame seiscientos dólares ($600).

No quería darle el dinero. Me pregunté: *«¿Es criminal o policía?»* ¡Tenía mucho miedo!, pero le di los seiscientos dólares ($600). El hombre agarró el dinero con una mano y todavía me tenía agarrada con la otra.

– ¡Vamos! –me dijo con voz siniestra.

Continuamos caminando en dirección a la frontera. Caminamos silenciosamente por el desierto. Todo estaba muy oscuro. Caminamos una hora. En la distancia, pudimos ver las luces[5] de la ciudad de San Ysidro en California. El coyote me dijo en voz baja:

[5]*luces - lights*

– Al ver la estación Greyhound de autobuses en la distancia, vamos a correr. Corre lo más rápido posible hacia el Parque San Ysidro. Al llegar al parque, camina calmadamente hacia la Plaza de San Ysidro. Al llegar a la plaza, ya estás en los Estados Unidos.

Caminamos treinta (30) minutos más y entonces, pudimos ver la estación Greyhound de autobuses. El coyote me dijo con voz urgente:

– ¡Corre!

Corrimos hacia el Parque San Ysidro. De repente, escuchamos la voz de un hombre:

– ¡No corran! ¡Párense[6]!

Yo corrí más rápido hacia el parque, pero el coyote no. El coyote corrió hacia el desierto. ¡Me abandonó! De repente, un hombre me agarró.

---

[6]*¡Párense! - Stop! Halt!*

¡Era un agente de la Patrulla Fronteriza[7]! El agente me agarró y me preguntó:

– ¿Hablas inglés?

– No.

– ¿De dónde eres?

– De Gua... aaa..., México –le respondí nerviosa.

– ¿Tienes identificación?

– Sí.

Yo le di mis documentos al agente. El agente me dijo:

– No tienes los documentos apropiados para entrar a los Estados Unidos. Entraste ilegalmente y vamos a deportarte.

Yo no le respondí al agente. Solo lloré silenciosamente. Tenía miedo. El agente y yo caminamos a un vehículo patrulla y él me llevó a una prisión para inmigrantes indocumentados.

Cuando llegamos a la prisión, unos agentes me llevaron a una celda. Entré en la celda y lloré descontroladamente. Había otra mujer en la celda. La mujer se llamaba Lucy. Lucy me vio llorar y me dijo:

[7]*Patrulla Fronteriza - Border Patrol*

– No llores. No hay problema.

– ¡Me van a deportar! – le respondí con tono de pánico.

– Sí, y mañana vamos a regresar a la frontera para entrar a los Estados Unidos otra vez.

– Pero ya no tengo dinero –le dije llorando descontroladamente.

Lucy y yo pasamos la noche en la celda. En la mañana, un agente de la Patrulla Fronteriza nos llevó a un autobús. El autobús nos llevó a través de la frontera.

Cuando llegamos a México, Lucy me invitó a la casa de su tía. Su tía vivía en Tijuana. Ella era una mujer atractiva. Se parecía a mi tía Tete. Ella era una buena persona.

La tía de Lucy me llevó a un teléfono público para llamarle a Alberto. Lo llamé y le expliqué la situación. Alberto reaccionó calmadamente:

– ¿Puedes pasar la noche en la casa de la tía?

– Sí.

– Está bien –me dijo Alberto–, Fernando va a ir a la casa. Espéralo allí.

La tía y yo regresamos a la casa. Esperé a Fernando todo el día. Fernando era mexicano, pero vivía legalmente en los Estados Unidos. Él podía ir y venir a México sin problemas. A las 8:00 de la noche, Fernando llegó a la casa. Él me dio seiscientos dólares ($600) para pagarle a un coyote. Me dijo:

– Espera tres días en la casa. Entonces, regresa al canal. Llega al canal a las 2:00 de la mañana. Un coyote que se llama Beto va a estar esperándote[8]. Beto es mi amigo. Él puede llevarte a través de la frontera sin problemas.

– Gracias, Fernando –le respondí nerviosa.

Era obvio que tenía miedo. Fernando me miró y me dijo:

– No tengas miedo. Con Beto, hay mucha esperanza.

[8]*estar esperándote - to be waiting for you*

Capítulo 8
Una noche formidable

Después de tres días, a la 1:30 de la mañana, fui para el canal. Cuando llegué, no había mucha gente. El canal parecía abandonado. Solo vi a dos personas. Miré a las personas sin hablar. Me pregunté si una de las personas era Beto. Esperé en silencio. Pronto las dos personas se fueron y estaba sola. Estaba nerviosa.

A las 2:00 de la mañana, un hombre vino. Caminó hacia mí y me preguntó:

> – ¿Eres amiga de Fernando?

> – Sí. ¿Quién es usted?

> – Soy Beto.

Beto me miró y me preguntó:

> – ¿Tienes los seiscientos dólares ($600)?

> – Sí.

Yo le di el dinero y él me respondió:

> – Vamos.

Caminamos por la avenida unos minutos y llegamos a un carro. Yo le pregunté nerviosa:

> – ¿Va a llevarme a través de la frontera en carro?

> – No. Vamos a la playa. Vamos a pasar la frontera por la playa.

En el carro, Beto me explicó lo que íbamos a hacer:

> – Vamos a caminar por la playa un cuarto (1/4) de milla hacia el cable que marca la frontera. La playa está muy oscura de noche. No hay mucha gente y no hay luces. Al llegar al cable, vamos a correr

por la playa. Yo voy a decir: «Ya», y entonces vamos a correr en dirección al desierto. Un carro azul va a esperarnos a una milla de la playa. Al llegar al carro, ya estamos en los Estados Unidos.

Pronto llegamos a la playa. Caminamos por la playa durante treinta (30) minutos y por fin llegamos a la frontera. Todo estaba muy oscuro, pero yo podía ver figuras en la distancia. Me pregunté: *«¿Son agentes de la Patrulla Fronteriza?»*. ¡Tenía miedo! Beto me dijo en voz baja:

– ¡Corre!

Corrimos unos minutos por la playa y entonces, corrimos hacia el este por el desierto. Corrimos por una eternidad. No podía correr más, pero Beto insistió:

– ¡Corre!

47

No puedes parar. ¡Los agentes están siguiéndonos!

Estaba exhausta. No quería correr más, pero continué corriendo y por fin, vi el carro azul. Beto ya no corría y me dijo en voz baja:

– Espera. Puede ser una trampa[1].

– ¿Una trampa? –exclamé con miedo.

De repente, hubo luz en el carro y Beto gritó con urgencia:

– ¡Corre!

En la distancia, vimos luces y escuchamos voces gritando: «¡Párense!». Corrimos rápidamente hacia el carro y escuché su motor: «Bruuum». Llegamos al carro y rápidamente nos fuimos en dirección a San Diego.

Veinte (20) minutos después, llegamos a San

[1]*trampa - trap*

Diego. Fuimos a una gasolinera y esperamos unos minutos. Un carro negro vino y Beto me dijo:

> – Ya llegó tu chofer. Él va a llevarte a Los Ángeles.

En ese momento, vi a Alberto. Corrí hacia él y lloré descontroladamente. Nos abrazamos[2] y lloramos. De repente, un vehículo de la Patrulla Fronteriza vino a la gasolinera y Alberto me dijo:

> – ¡Vámonos!

Nos fuimos en dirección a Los Ángeles. Estaba completamente exhausta y pronto, me dormí. Dormí más de una hora y entonces, Alberto me dijo:

> – Ya llegamos.

---

[2]*nos abrazamos - we hugged each other*

Esperanza

Estábamos en frente de una casa bonita. Tenía un patio decorado con muchas flores. Entramos en la casa silenciosamente. Todo estaba muy oscuro. Los residentes estaban durmiendo.

Entramos en un dormitorio y Alberto se durmió rápidamente. Yo no pude dormir. Estaba en los Estados Unidos, pero no estaba contenta. Pensaba en mis hijos. Pensaba en el abandono. Me pregunté: *«¿Voy a ver a mis hijos de nuevo?»*. Si no regresaba a Guatemala, no iba a tener mucha esperanza de verlos otra vez.

Capítulo 9
Desilusión

Durante los siguientes dos (2) meses, seguimos rentando el dormitorio de la casa. Vivíamos con una familia mexicana. La familia tenía un padre, una madre y dos hijos. Otros cuatro (4) inmigrantes indocumentados también vivían en la casa. Alberto y yo pagábamos seiscientos veinte dólares ($620) al mes para vivir en la casa. El 1 (uno) de mayo de 1989 (mil novecientos ochenta y nueve), rentamos una casa con otra familia inmigrante. Dividimos la renta y solo pagábamos ciento cincuenta dólares ($150) al mes.

Alberto siguió trabajando mientras yo investigaba una manera de vivir y trabajar legalmente en los Estados Unidos. Y más importante, investigaba una manera de reunirnos con nuestros hijos. Alberto trabajaba mucho porque necesitábamos dinero para pagar el proceso legal de solicitar la amnistía[1]. Cuando por fin tuvimos seiscientos dólares ($600), le pagamos a un abogado especialista en preparar los documentos. El abogado tenía mucha experiencia con los documentos de inmigración y teníamos mucha esperanza.

El día 15 (quince) de octubre, a las 10:00 de la mañana, fuimos al Departamento de Inmigración y esperamos a nuestro abogado enfrente de la oficina. Lo esperamos dos horas, pero él no llegó. Alberto y yo no entramos en la oficina para hablar con los ofi-

---

[1]*solicitar la amnistía - ask for amnesty (forgiveness from punishment for entering the country illegally).*

ciales de inmi-
gración. No en-
tramos porque
no hablábamos
inglés y no terí-
amos los docu-
mentos oficial-
es.

Desespera-
dos, Alberto y
yo fuimos rápi-
damente a la
oficina del abo-
gado. Cuando
llegamos, la oficina parecía abandonada. ¡Qué desilusión! Yo lloré descontroladamente. Alberto me
abrazó y lloró también.

Sin esperanza y sin dinero, regresamos a la casa.
Quería llamar a mi mamá para hablar con mis hijos,
pero no tenía ni un centavo para llamarles. Estaba
muy, muy triste. Lloraba mucho y quería regresar a
Guatemala.

Durante los siguientes meses, Alberto siguió trabajando ilegalmente y yo seguí investigando una ma-

nera de reunirnos con nuestros hijos y de vivir y trabajar legalmente en los Estados Unidos. En enero de 1990 (mil novecientos noventa), hicimos una petición de asilo político con el Departamento de Inmigración. Esperamos tres (3) meses y por fin, los oficiales del Programa de Asilo Político nos respondieron:

Estimados candidatos:

Tienen una cita[2] oficial con el Departamento de Inmigración - Programa de Asilo Político, el 4 (cuatro) de septiembre de 1990 (mil novecientos noventa) a la 1:00 de la tarde. Tienen que presentar los documentos oficiales de su nación de origen, Guatemala, y también toda la información relacionada con su caso. Es importante ofrecer evidencia suficiente para defender su caso. Favor de llegar a la hora indicada.

Atentamente,

María de la Cruz

Secretaria del Director

[2]*cita - appointment*

– ¡Septiembre! –le dije llorando a Alberto.

– ¡Qué bueno!, ¿no?

– ¡No! ¡No es bueno! ¡Hasta septiembre no tenemos una cita!

Alberto me abrazó y me dijo:

– Cálmate. Necesitamos paciencia.

Durante los siguientes meses, yo lloré mucho por mis hijos. ¡Quería verlos! Estaba muy triste. Alberto seguía trabajando mucho. Mientras él trabajaba, yo organizaba todos los documentos y papeles para demostrar nuestra necesidad de asilo político. Tenía noticias de varios periódicos[3] de Guatemala y cartas[4] de varios oficiales del sindicato.

Por fin, el día 4 (cuatro) de septiembre llegó. ¡Estaba muy nerviosa! No hablábamos inglés muy bien

---

[3]*periódicos - newspapers*
[4]*cartas - letters*

todavía y no teníamos un abogado.

Llegamos al Departamento de Inmigración a las 12:45. Entramos en la oficina y una mujer nos habló. Ella miró a Alberto y le preguntó:

– ¿Es usted Alberto?

– Sí, soy Alberto.

– ¿Tiene usted los documentos?

– Sí, los tengo –Alberto le contestó nervioso.

Alberto le dio los documentos a la mujer. Ella tomó los documentos y los miró atentamente. Entonces, nos dijo:

– ¡Perfecto! Tienen todos los documentos necesarios y la evidencia parece muy sólida.

– Gracias –le dije nerviosa.

– Voy a darles el permiso de trabajo. Con el

permiso oficial, pueden trabajar legalmente en los Estados Unidos. No podemos darles asilo político inmediatamente. Vamos a aceptar su solicitud ahora, pero tienen que regresar en seis meses para una entrevista[5].

– ¿Seis meses? ¡Ya esperamos seis meses para una cita! –exclamé llorando.

Alberto me interrumpió y le dijo a la mujer:

– Está bien. Gracias.

Entonces, él tomó los permisos de trabajo y nos fuimos de la oficina. Yo lloré descontroladamente. Estaba desesperada. Quería reunirme con mis hijos. ¡Ricardito ya tenía 5 años y Liliana 3! Hacía más de un año[6] que no los veía. ¡Quería verlos ahora! No quería esperar más.

No tenía confianza en el proceso de obtener la residencia legal y seguí investigando nuestras opciones de obtener asilo político y de reunirnos con nuestros hijos. En diciembre, llamé a una organización que se llamaba CARECEN. CARECEN ofrecía

---

[5]*entrevista - interview*
[6]*hacía más de un año - it had been more than a year*

asistencia legal a los inmigrantes latinoamericanos.

Consulté con una abogada de CARECEN. Le expliqué que estábamos esperando una entrevista para obtener el asilo político. También le expliqué que esperaba reunirme con mis hijos.

– ¡Ay! –la abogada exclamó–. Si quieres que tus hijos vivan en los Estados Unidos con ustedes, es súper importante que ellos estén presentes durante la entrevista. Si tus hijos no están con ustedes en la entrevista, va a ser muy difícil obtener la residencia legal para ellos.

– ¿Qué podemos hacer? –le pregunté con voz desesperada.

– ¡Necesitan un plan para llevar a sus hijos a través de la frontera! ¡Es importante hacerlo rápidamente! ¡Ellos tienen que estar con ustedes en la entrevista!

¡Estaba desesperada! Era una situación grave. En ese momento, no tenía ni una onza[7] de esperanza.

---

[7]*ni una onza - not even an ounce*

Capítulo 10
Esperanza

Alberto y yo pensamos en un plan para transportar a nuestros hijos a los Estados Unidos. El 29 (veintinueve) de diciembre, una carta llegó a la casa. Era una carta del Departamento de Inmigración. La carta indicaba el día y la hora de la entrevista..., ¡el 15 (quince) de enero de 1991 (mil novecientos noventa y uno)!

– ¡Ay! ¡Alberto, ¡¿qué vamos a hacer?! ¡Solo tenemos quince (15) días para transportar a los niños! –le exclamé con voz de pánico.

– Cálmate. Ya tenemos un plan.

– ¿Un PLAN? ¡La intención de hablar con tu hermano sobre el transporte de los niños no es un plan! ¿Y si tu hermano no quiere hacerlo? Entonces..., ¿qué?

– Es mi hermano... Tengo esperanza.

Durante los siguientes días, Alberto no trabajó. Solo se concentró en el plan de transportar a los niños por México y a través de la frontera. Llamó a su hermano, a varios familiares, a mi madre, a varios amigos y... a varios coyotes. Hablaba por teléfono continuamente. Por fin, tuvimos un PLAN.

Cuatro días después de llegar la carta, mi madre llevó a mis hijos a Chiapas, México. Fue un día muy triste para mi mamá. El hermano de Alberto los esperaba en la estación de autobuses en Chiapas. Cuando mi madre y los niños llegaron a la estación, el tío y los niños se fueron rápidamente en otro autobús y mi madre esperó en la estación llorando. Mis pobres hijos pasaron cuatro (4) días en el autobús. ¡Tenía miedo por mis hijos! No pude comunicarme con ellos mientras estaban pasando por México en autobús. Fueron cuatro (4) días horribles. No podía dormir y tampoco podía comer. Solo podía pensar en los niños.

Después de cuatro (4) días, el hermano de Alberto nos llamó:

– Estamos en Tijuana.

– ¿Cómo están los niños? –le preguntó Alberto.

– Tienen miedo, pero están bien.

– ¿Ya te comunicaste con el coyote?

– Sí, vamos a reunirnos con él en treinta (30) minutos.

Alberto notó que los niños estaban llorando. Entonces, le dijo a su hermano:

– ¿Qué piensas si yo hablo con Ricardito?

– Buena idea –le respondió él.

Entonces, el hermano le dio el teléfono a Ricardito. Alberto le habló calmada y felizmente.

- Ricarditoooooo…, ¿cómo estás mijo? –le dijo Alberto.

- Papi, no quiero ir a los Estados Unidos –le respondió llorando.

- No llores, Ricardito. Todo va a ir bien, pero es importante que me escuches ahora. ¿Estás escuchándome?

- Sí, papi –le respondió Ricardito con voz triste.

- Ricardito, un hombre va a llevarte a ti y a tu hermana a través de la frontera y necesitas ser valiente. No llores y no hables. Solo escucha las instrucciones. ¿Ricardito?... ¿Estás escuchándome?

- Sí, papi.

- El hombre va a llevarlos a través de la frontera en carro. Al pasar por la zona fronteriza, un policía va a hacerle unas preguntas al hombre. El policía va a preguntarle: «Quiénes son los niños?». Él hombre va a contestarle: «Son mis hijos».

Si el policía te pregunta a ti: «¿Es él tu papá?», tú vas a contestarle valientemente: «Sí, él es mi papá».

– ¿Por qué tío no va con nosotros?

– Tío no puede ir. Tú y Lili van a ir solos con el hombre. Si eres valiente y haces todo lo que te digo, tu mamá y yo vamos a verte muy pronto.

Entonces, Ricardito le dio el teléfono a su tío.

– Ya es la hora. Tenemos que irnos –le dijo el hermano.

– Hermanito –le dijo Alberto nervioso–, si el coyote no parece buena persona, abandona el plan. No importa el dinero. Protege[1] a mis hijos, por favor.

– Los protegeré[2] con mi vida.

– Que Dios los proteja[3]. «Clic».

Era obvio que Alberto tenía miedo. Yo también tenía miedo. Alberto me abrazó y me dijo:

– Pronto vas a ver a tus hijos.

[1]*protege - protect*
[2]*protegeré - I will protect*
[3]*Que Dios los proteja - May God protect you all*

Alberto y yo fuimos rápidamente a San Ysidro, California. Llegamos a San Ysidro a las 4:00 de la tarde y fuimos a una gasolinera. Allí esperamos durante dos horas. Las horas parecieron días. Me preguntaba si iba a ver a mis hijos de nuevo. Yo lloraba silenciosamente.

A las 6:07 de la tarde, un hombre caminó hacia nosotros. Él tenía a una niña en los brazos. ¡La niña era Lili! De repente, escuché una voz preciosa: «¡Mami!». Entonces, Ricardito corrió hacia nosotros. Yo agarré a Ricardito y lo abracé. Lili estaba llorando y Alberto la tomó en sus brazos y le habló calmadamente.

- ¿Cómo te fue en la frontera? –le preguntó Alberto al coyote.

- Muy bien –le respondió el coyote–. Cuando pasamos por el área de inspecciones, los niños estaban durmiendo. El agente me preguntó en voz baja: «¿Adónde van?» y yo le respondí: «A visitar a familiares». Entonces, él miró mis documentos mexicanos y me dijo: «Está bien. Adiós». Él no inspeccionó el carro ni les habló a los niños.

– Gracias a Dios –le exclamé con emoción.

Estaba muy contenta. ¡Por fin, estaba con mis hijos! Fue el momento más feliz de mi vida.

Esperanza

Tres (3) días después, fuimos con nuestros hijos al Departamento de Inmigración. Estábamos nerviosos, pero teníamos mucha esperanza. Hablamos con tres oficiales. Ellos nos hicieron muchas preguntas. Al final, los oficiales decidieron que había suficiente evidencia para demostrar la necesidad de asilo político. Por fin, mi familia podía estar legalmente en los Estados Unidos. Podíamos trabajar legalmente sin problemas.

Ahora, soy inmigrante legal. Soy residente legal. Tengo mucha esperanza. Tengo esperanza por mis hijos y por nuestro futuro. Me llamo Esperanza y esta es mi historia de esperanza.

Epílogo

Al final, la familia de Esperanza recibió asilo político. Con ello, la familia tuvo permiso para trabajar legalmente en los Estados Unidos, pero no el permiso de residencia permanente. En 2003, la familia solicitó la Residencia Permanente por la ley NACARA, una ley que ofrece la Residencia Permanente a las personas que escapan de su país a causa de una guerra civil o de la opresión política.

Hoy día, la familia vive en el suroeste de los Estados Unidos. Esperanza y Alberto tienen cuatro (4) hijos y trabajan tiempo completo[1]. La familia está pensando en solicitar la ciudadanía[2] americana. Es un poco difícil obtener la ciudadanía, pero tienen esperanza.

[1]*tiempo completo - full time*
[2]*ciudadanía - citizenship*

Esperanza

Glosario

A

a - to
a través - across
abandona - s/he abandons
abandonado(a) - abandoned
abandonar - to abandon
abandonara - s/he abandon
abandonarlos - to abandon them
abandonarnos - to abandon us
abandonó - s/he abandoned
abandono - abandonment
abogado(a) - attorney, lawyer
abracé - I hugged
abrazamos - we hug
abrazó - s/he hugged
abruptamente - abruptly
abusos - abuses
accidente - accident
aceptaban - they accepted
aceptar - to accept
(no me) acostumbraba - (I wasn't) getting accustomed to; used to

activistas - activists
acusaron - they accused
acusé - I accused
adiós - goodbye
adónde - to where
agarra - s/he grabs
agarrada - grabbed, held
agarré - I grabbed
agarro - I grab
agente(s) - agent(s)
ahora - now
al - to the
alarmarla - to alarm her
(al) final - at the end
allí - there
americanos - American
amigo(a) - friend
amigos - friends
amnistía - amnesty
aniversario - anniversary
año(s) - year(s)
anuncio - announcement
apropiados - appropriate
área(s) - area(s)
arrestaron - they arrested
asilo - asylum

asistencia - assistance
atención - attention
atentamente - attentively
atormentaba - it tormented
atractiva - attractive
autobús(es) - bus(es)
avenida - avenue
azul - blue

B

bebé - baby
bien - well, fine
boleto(s) - ticket(s)
bonita - pretty
botella - bottle
brazo(s) - arm(s)
bruto - brute, beast
buen - good
buena - good
bueno - good
bus - bus
buscaba - s/he, I was looking for
buscan - they look for
buscando - looking for
buscándonos - looking for us
buscar - to look for

buscas - you look for
busco - I look for
busqué - I looked for

C

cable - cable
café - café, cafeteria
calmada - calm
calmadamente - calmly
calmarla - to calm her
cálmate - calm down
camina - s/he walks
caminamos - we walk
caminando - walking
caminar - to walk
caminé - I walked
caminó - s/he walked
camisa - shirt
canal - canal
candidatos - candidates
cantina - cantina, bar
caos - chaos
CARECEN - an organization that offered legal help to immigrants
carro - car
carta(s) - letter(s)
casa - house

caso(s) - case(s)
católica - Catholic
causa - s/he, it causes
causaba - it was causing
causar - to cause
causarle - to cause him/her
causó - s/he, it caused
celda - cell
celebramos - we celebrate
cementerio - cemetery
centavo - cent
cereales - cereal
Chiapas - a state in Mexico
chofer - chauffeur, driver
cien - one hundred
ciento - one hundred
cinco - five
cincuenta - fifty
cita - appointment
ciudad - city
ciudadanía - citizenship
civiles - civil
clic - click
combate - s/he combats
comer - to eat
comí - I ate
comimos - we ate
comió - s/he ate

cómo - how
completamente - completely
completo (tiempo completo)
compramos - we buy
compró - s/he bought
comunicarme - to communicate
comunicaste - you communicated
con - with
concentró - s/he concentrated
confianza - confidence, trust
confundida - confused
conmoción - commotion
considera - s/he consider
consulté - I consulted
contento(a) - content, happy
contestar - to answer
contestarle - to answer him/her
contesté - I answered
contestó - s/he answered
continuamente - continuously
continuamos - we continue

71

continuar - to continue

continué - I continued

continuó - s/he continued

contrario - contrary

control - control

controlar - to control

convicción - conviction

corran - they run

corre - s/he runs

correr - to run

corrí - I ran

corría - s/he, I was running

corrían - they were running

corriendo - running

corrieron - they ran

corrimos - we ran

corrió - s/he ran

corrupción - corruption

corrupto(s) - corrupt

coyote - a person who is hired to illegally take immigrants across the Mexico- U.S. border

criminal(es) - criminal(s)

cruelmente - cruelly

cuándo - when

cuando - when

cuarto de milla - quarter of a mile

cuatro - four

cuatrocientos - four hundred

Culiacán - a city in Sinaloa, Mexico

D

daba - s/he, I gave

dar - to give

dar(le) - to give (to him/her)

dar(les) - to give (to them/you pl.)

de - of, from

de repente - suddenly

decía - s/he, I was saying

decidí - I decided

decidieron - they decided

decidimos - we decide

decir - to say

decir(le) - to say (to him/her)

decírselo - to say it to him/her

decisión - decision

decorado - decorated

defender - to defend

defensa - defense

del - of the

delicada - delicate

demandaron - they demanded

demandó - s/he demanded

demostrar - to demonstrate

departamento - department

deponer - to depose

deportar - to deport

deportarte - to deport you

descontroladamente - uncontrollably

describió - s/he described

desesperación - desperation

desesperada - desperate

desierto - desert

desilusión - disillusionment

desolación - desolation

después - after

D.F. - Distrito Federal, Mexico City (the city officially changed its abbrevation from D.F. to CDMX as of 2018).

di - I gave

día(s) - day(s)

dicen - they say

diciembre - December

dieciséis - sixteen

dieron - they gave

diez - ten

diferente - different

difícil - difficult

digo - I say

dije - I said

dijo - s/he said

dinero - money

dio - s/he gave

Dios - God

dirección - direction, address

direcciones - directions

director - director

distancia - distance

dividimos - we divide

documentos - documents

dólares - dollars

donde - where

dónde - where (question)

dormí - I slept

dormían - they slept

dormir - to sleep

dormitorio - bedroom

dos - two

doscientos - two hundred

durante - during

durmiendo - sleeping

durmió - s/he slept

E

e - and
EE.UU. - U.S.
él - he
el - the
ella - she
ellos - they
emoción - emotion; excitement
en - in, on
encontrarme - to meet me, to encounter me
encontrarnos - to meet us, to encounter us
encontré - I encountered, found
encontró - s/he encountered, found
enero - January
enfrente de - in front of
entonces - then
entramos - we enter, we entered
entrar - to enter
entraron - they entered
entraste - you entered
entré - I entered
entrevista - interview

era - s/he, it was
eran - they were
eres - you are
es - s/he, it is
(se) escapan - they escape
escapar - to escape
escaparnos - to escape
escaparse - to escape
escaparte - to escape
(me) escapé - I escaped
escape - escape
escapó - s/he escaped
escucha - s/he listens; listen
escuchado - listened to
escúchame - listen to me
escuchamos - we listen to
escuchándome - listening to me
escuchara - s/he listen
escuché - I listened to
escuches - you listen
ese - that
especialista - specialist
espera - s/he waits for
esperaba - s/he, I waited; hoped
esperaban - they waited; hoped

74

espéralo - wait for him/it
esperamos - we wait for
esperando - waiting for
esperándo(nos) - waiting for (us)
esperándo(te) - waiting for (you)
esperanza - hope
esperar - to wait for; to hope
esperarnos - to wait for us
esperé - I waited for; hoped
espero - I wait for; hope
esperó - s/he waited for; hoped
esposa - wife
esposo - husband
esta - this
está - s/he, it is
estaba - s/he, it, I was
estábamos - we were
estaban - they were
estación - station
estado - state
Estados Unidos - United States
estamos - we are
están - they are
estar - to be

estas - these
estás - you are
este - this; east
estén - they are
estimados - dear (letter salutation)
estoy - I am
estrés - stress
eternidad - eternity
evidencia - evidence
exactamente - exactly
exclamé - I exclaimed
exclamó - s/he exclaimed
exhausta - exhausted
existen - they exist
experiencia - experience
explica - s/he explains
explicándome - explaining to me
explicarle - to explain to him/her
explico - I explain
expliqué - I explained

F

familia - family
familiares - familiar; relatives

fatigada - fatigued
favor(es) - favor(s)
favorita - favorite
favorito - favorite
favoritos - favorites
febrero - February
feliz - happy
felizmente
figuras - figures
fin - end
final - final; end
(**al**) **final** - at the end
flores - flowers
formidable - formidable; daunting
foto - photo
frenéticamente - frantically
frente - front
frijoles - beans
frontera - border
(**Patrulla**) **Fronteriza** - Border (Patrol)
frutas - fruits
fue - s/he, it was; went
fueron - they went; were
fui - I went
fuimos - we went
furiosa - furious

furiosamente - furiously
furioso(s) - furious
futuro - future

G

gasolinera - gas station
gente - people
gracias - thank you
gran - big
grande - big
grave - grave, serious
gritaban - they yelled, were yelling
gritando - yelling
gritaron - they yelled
gritó - s/he yelled
grupo - group
Guadalajara - a city in Jalisco, Mexico
guardando - guarding
guardé - I guarded
guarde - s/he guard
guardo - I guard
guatemaltecos - Guatemalans
guayabera - Embroidered button- up shirt that is traditionally worn by Mexican men

Guaymas - a city in Sonora, Mexico
guerra - war

H

había - there was; there were
habían - they had
habla - s/he talks
hablaba - s/he, I was talking
hablábamos - we were talking
hablamos - we talk
hablando - talking
hablar - to talk
hablas - you talk
hablé - I talked
hábleme - talk to me
hables - you talk
habló - s/he talked
hablo - I talk
hacer - to do, make
hacerle preguntas - to ask him/her questions
hacerlo - to do it
haces - you do
hacía - s/he. I was doing
hacia - toward

hambre - hunger
hasta - until
hay - there is; there are
he - I have
he (escuchado) - I have (listened)
hermana - sister
hermanito - little brother
hermano - brother
(nos) hicieron preguntas - they asked (us) questions
hicimos - we made
hijo - son
hijos - sons; children
histéricamente - hysterically
historia - history, story
historias - stories
hola - hello, hi
hombre - man
honesto(s) - honest
honor - honor
honrarle - to honor him
hora(s) - hour(s)
horrible(s) - horrible
horror - horror
hoy - today
hubo - there was

Glosario

huelga - a labor strike
humana - human

I

iba - s/he, I was going
íbamos - we were going
iban - they were going
idea - idea
identidad - identity
identificación - identification
ignoró - s/he ignored
ilegalmente - illegally
imaginación - imagination
imaginé - I imagined
importa - s/he, it is important
importante - important
imposible - impossible
incluso - including
increíble - incredible
indicaba - it indicated
indicada - indicated
indígena - indigenous
indignación - indignation
indocumentado(s) - undocumented; lacking proper paperwork

información - information
inglés - English
iniciar - to initiate
injusticia - injustice
inmediatamente - immediately
inmigración - immigration
inmigrante(s) - immigrant(s)
insistió - s/he insisted
inspecciones - inspections
inspeccionó - s/he inspected
instante - instant
instrucciones - instructions
insultos - insults
inteligente - intelligent
intención - intention
interrumpió - s/he interrupted
interrupción - interruption
investigaba - s/he was investigating
investigando - investigating
invitó - s/he invited
ir - to go
irnos - to go
irritada - irritated
irritado - irritated

J
jarra - jar
justicia - justice

L
la(s) - the
lamentar - to lament; to mourn
latinoamericanos - Latin American
le - him/her
legal(es) - legal
legalmente - legally
les - them
ley - law
llama - s/he calls
llamaba - s/he was calling
llámame - call me
llamar - to call
llamara - s/he call
llamarles - to call them
llamaron - they called
llamé - I called
llame - s/he calls
llamó - s/he called
llamo - I call
llega - s/he arrives
llegaban - they were arriving

llegamos - we arrive
llegar - to arrive
llegaron - they arrived
llegó - s/he arrived
llegué - I arrived
llegue - s/he arrives
llevar - to take, bring
llevara - s/he takes, brings
llevarlos - to take, bring them
llevarme - to take, bring me
llevaron - they took, brought
llevarte - to take, bring you
lleve - s/he takes, brings
llevó - s/he took, brought
llora - s/he cries
lloraba - s/he was crying
lloraban - they were crying
lloramos - we cry
llorando - crying
llorar - to cry
llorara - s/he cry
lloras - you cry
lloré - I cried
(no) llores - (don't) cry
lloró - s/he cried
lloro - I cry
lo - it, him

79

los - the; them
luces - lights
luz - light

M

madre - mother
mamá - mom
mami - mommy
mañana - tomorrow; morning
mañanas - mornings
manera - manner
mango - mango
mano - hand
maravilla - marvel
marca - s/he, it marks
marchaban - they were marching
marchó - s/he marched
mariachi - a style of music in México
más - more
matado - killed
matarlo - to kill him
matarnos - to kill us
mataron - they killed
matarte - to kill you
mayo - May

Mazatlán - a city in Sinaloa, Mexico
me - me; myself
medianoche - midnight
mensaje - message
mes(es) - month(s)
mesera - waitress
mexicana - Mexican
mexicano(s) - Mexican
mí - me
mi - my
miedo - fear
mientras - while
mija - term of endearment for a daughter or girl (honey)
mijo - term of endearment for a son or boy (honey)
mil - one thousand
milla(s) - mile(s)
minutos - minute(s)
miraba - s/he, I was watching
miraban - they were watching
miraron - they watched, looked at

miré - I watched
miró - s/he watched
mis - my
misa - mass (Catholic religious service)
misteriosa - mystery
momento - moment
montañas - mountains
morgue - morgue
motor - motor
mucha - much, a lot
muchas - many
mucho - much, a lot
muchos - many
muerte - death
mujer - woman
música - music
muy - very

N

NACARA - The Nicaraguan Adjustment and Central American Relief Act
nación - nation
nada - nothing
necesario(s) - necessary
necesidad - necessity
necesitaba - s/he, I needed

necesitábamos - we needed
necesitamos - we need
necesitan - they need
necesitas - you need
necesito - I need
negligencia - negligence
negro - black
nerviosa - nervous
nerviosamente - nervously
nervioso(s) - nervous
ni - neither
niña - little girl
niñitos - little boys, little children
niños - boys, children
no - no
noche - night
normal - normal
normalmente - normally
norte - north
nos - us; ourselves
nosotros - we
notaron - they noted; noticed
noté - I noted; noticed
noticias - notices, news
notó - s/he noted; noticed
novecientos - nine hundred

Glosario

noventa - ninety
nuestra - our
nuestras - our
nuestro - our
nuestros - our
nueve - nine
nuevo - new

O

o - or
Oaxaca - the name of both a Mexican state and its capital city
observador - observer
observamos - we observe
observé - I observed
observó - s/he observed
obsesión - obsession
obtener - to obtain
obtenerla - to obtain it
obtengo - I obtain, get
obtuvo - s/he obtained
obvio - obvious
ochenta - eighty
ocho - eight
octubre - October
oficial(es) - official
oficina - office

ofrece - s/he offers
ofrecer - to offer
ofrecía - s/he was offering
onza - ounce
opciones - options
opresión - oppression
organizaba - s/he was organizing
organización - organization
organizamos - we organize
organizar - to organize
organizó - s/he organized
origen - origin
oscura - dark
oscuridad - darkness
oscuro - dark
otra - other; another
otra vez - again
otras - others
otro - other, another
otros - others

P

paciencia - patience
padre - father
padres - parents
pagábamos - we were paying

págame - pay me

pagamos - we pay

pagar - to pay

pagarle - to pay him

pagó - s/he paid

pagué - I paid

país - country

pánico - panic

papá - papa, dad

papeles - papers

papi - daddy

para - for, to

para - s/he, it stops

para que - in order that

paralizada - paralyzed

parar - to stop

parecía - s/he, it seemed, looked like

parecieron - they seemed, looked like

párense - stop, halt

paró - s/he stopped

parque - park

participación - participation

participar - to participate

pasa - s/he, it passes, spends (time)

pasamos - we pass, spend (time)

pasando - passing, spending (time)

pasar - to pass, to spend

pasaron - they passed, spent (time)

pasé - I passed, spent (time)

pasión - passion

pasó - s/he passed, spent (time)

patio - patio

Patrulla Fronteriza - Border Patrol

pensaba - I was thinking

pensamos - we thought

pensando - thinking

pensar - to think

pensé - I thought

perdón - pardon, excuse

perdóname - pardon me, excuse me

perfecto(s) - perfect

periódicos - newspapers

permanente - permanent

permiso(s) - permission, permit(s)

permitía - s/he allowed, permitted

pero - but

83

Glosario

persistente - persistent
persona(s) - person(s)
pesos - currency of Mexico
petición - petition, request
piensas - you think
pienso - I think
pistolas - pistols
plan - plan
planeaba - s/he planned, was planning
planeaban - they were planning
planes - plans
playa - beach
plaza - plaza, town square
pobre - poor
pobres - poor
poco - (a) little
pocos - few
podemos - we are able
podía - s/he, I was able
podíamos - we were able
podían - they were able
policía - police
policiaca - police
policías - police officers
política - political; politics

político(s) - political, politician(s)
popular - popular
por - for, in exchange for
por favor - please
por fin - finally
por qué - why?
porque - because
posible - possible
preciosa - precious
pregunta - s/he asks
preguntaba - s/he, I was asking; wondering
preguntarle - to ask him/her
preguntaron - they asked
preguntas - questions
pregunté - I asked; wondered
preguntó - s/he asked
preocupada - worried
prepara - s/he prepares
preparaba - s/he, I was preparing
preparar - to prepare
preparé - I prepared
preparó - s/he prepared
presentar - to present
presentes - present

presidente - president
pretendían - they were pretending
primo - cousin
prisión - prison
privado - private
problema(s) - problem(s)
proceso - process
programa - program
pronto - soon
protección - protection
protégé - protect
protegeré - I will protect
proteja - s/he, you protect
público - public
pude - I could
pudimos - we could
puede - s/he is able
pueden - they are able
puedes - you are able
puedo - I am able
puente - bridge
pum - boom; bang
puro - pure

Q

que - that
qué - what

quería - s/he, I wanted
querida - dear
¿Qué tienes? - What's the matter?
quetzales - currency of Guatemala
quién - who
quiénes - who
quiere - s/he wants
quieres - you want
quiero - I want
quince - fifteen
quise - I wanted

R

radio - radio
rápidamente - rapidly, quickly
rápido - rapid, fast
reaccionó - s/he reacted
realmente - really
recibí - I received
recibimos - we receive, received
recibió - s/he received
recibiste - you received
refugio - refuge
regresa - s/he returns

Glosario

regresaba - s/he, I was returning

regresamos - we return; returned

regresar - to return

regresara - s/he return

regresé - I returned

relacionada - related

remota - remote

renta - s/he rents

rentamos - we rented

rentando - renting

rento - I rent

(de) repente - suddenly

repitió - s/he repeated

representa - s/he represents

residencia - residency

residente(s) - resident(s)

respira - s/he breathes

respiraba - s/he, I was breathing

respiración - breathing

respondas - you respond

responderle - s/he responds to him/her

respondí - I responded

respondieron - they responded

respondió - s/he responded

responsabilidad - responsibility

restaurante - restaurant

resto - rest (quantity)

reunión - reunion, meeting

reunirme - to reunite; meet

reunirnos - to reunite; meet

revelaba - s/he, I revealed

revelar - to reveal

rifles - rifles

río - river

S

San Ysidro - a district of the City of San Diego, California, immediately north of the U.S.-Mexico border

sarcásticamente - sarcastically

sarcástico - sarcastic

secretaria - secretary

seguí - I continued; followed

seguía - s/he, I continued; followed

seguimos - we continue

seis - six

86

seiscientos - six hundred
separación - separation
separados - separated
septiembre - September
ser - to be
servicio - service
sí - yes
si - if
siete - seven
siguiéndonos - following us
siguiente(s) - following
siguió - s/he continued; followed
silencio - silence
silenciosa - silent
silenciosamente - silently
silenciosas - silent
sin - without
sindicato - labor union
siniestra - sinister
situación - situation
sobre - about
sofá - sofa
sola - only; alone
soldado(s) - soldier(s)
solicitar - to seek, request
solicitó - s/he solicited, requested

solicitud - solicitation, request
sólida - solid
solo - only; alone
solos - only; alone
son - they are
sonó - rang
soy - I am
su(s) - your
suena - sounds, rings
suficiente - sufficient, enough
súper - super
suroeste - southwest

T

también - also, too
tampoco - neither
Tapachula - a city in Chiapas, Mexico
tarde - afternoon
te - you; yourself
telefónico - telephone
teléfono - telephone
televisión - television
tenemos - we have
tener - to have
tengas - you have

tengo - I have

tenía - s/he, I had

teníamos - we had

tenían - they had

terror - terror

ti - you

tía - aunt

tiempo - time

tiempo completo - full time

tiene ___ años - s/he has ___ years (s/he is _____ years old)

tiene - s/he has

tiene agarrada - s/he has hold of

tiene hambre - s/he has hunger (is hungry)

tiene miedo - s/he has fear (is afraid)

tienen - they have

tienes - you have

(¿Qué) tienes? - What's the matter?

Tijuana - a city in Baja California, Mexico that borders the US

tío - uncle

toda - all

todavía - still

todo - all

todos - all, everyone

toma - s/he takes

tomé - I took

tomen - they take

tomó - s/he took

tono - tone

tortillas - tortillas

tortillería - tortilla shop

trabajaba - s/he, I was working

trabajador - worker, hard worker, hard working

trabajadores - workers

trabajan - they work

trabajando - working

trabajar - to work

trabajó - s/he worked

trabajo - I work

trampa - trap

transportar - to transport

transporte - transport, transportation

treinta - thirty

tremendo - tremendous

tres - three

triste - sad

tú - you
tu(s) - your
tuve - I had
tuvimos - we had
Tuxtla Gutiérrez - the capital city of Chiapas, Mexico

U

un - a; an; one
una - a; an; one
unas - some
uno - one
unos - some
urgencia - urgency
urgente - urgent
usted - you
ustedes - you

V

va - s/he goes, is going
valiente - valiant, brave
valientemente - valiantly, bravely
vámonos - let's go
vamos - we go, are going
van - they go, are going
varios - various

vas - you go, are going
vehículo - vehicle
(no los) veía - she (didn't) see (them)
veinte - twenty
veinticuatro - twenty four
veintinueve - twenty nine
veintitrés - twenty three
venir - to come
ventana - window
ver - to see
verlos - to see them
verte - to see you
vez - time
(otra) vez - another time; again
vi - I saw
vida - life
vimos - we saw
vino - s/he came
vio - s/he saw
violencia - violence
violentamente - violently
visitar - to visit
visité - I visited
vivan - they live
vive - s/he lives
vivía - s/he, I lived

Glosario

vivíamos - we lived
vivían - they lived
vivimos - we live
vivir - to live
voces - voices
vomitaba - s/he was vomiting
vomitando - vomiting
vomitar - to vomit
vomitó - s/he vomited
vómito - vomit
voy - I go, am going
voz - voice

Y

y - and
ya - already
ya no - anymore
yo - I

Z

zona - zone

TO READ THIS BOOK IN
PRESENT TENSE, TURN
BOOK OVER AND READ
FROM BACK COVER.

ESPERANZA
(Present Tense Version)

**Cover and Chapter Art by
Irene Jiménez Casasnovas**

Written by
Carol Gaab

**Copyright © 2011 Fluency Matters
(a subsidiary of Wayside Publishing)**

Dual version created 2018

**2 Stonewood Drive, Freeport, Maine 04032
FluencyMatters.com**

ISBN 978-1-935575-29-0

A NOTE TO THE READER

This Comprehension-based™ reader is based on a true story. The characters and events are real. To protect the family, all names (but one) have been changed.

The story was written with just 200 unique words and numerous cognates (words that are similar in two languages), making it an ideal read for advanced-beginning language learners. All words/phrases are listed in the glossary. Many words are listed more than once, as most appear throughout the story in various forms and tenses. Culture-based words and vocabulary structures that would be considered beyond a novice level are footnoted within the text, and the meanings are given at the bottom of the page where each first occurs.

There are two versions of this book under one cover. The past tense version is narrated completely in the past, with dialogue in the appropriate tense. The present tense version is narrated in present tense with dialogue in the appropriate tense.

We hope you like the story and enjoy reading your way to FLUENCY!

Índice

THIS IS THE
PRESENT TENSE VERSION OF
Esperanza.

TO READ THIS BOOK IN
THE PAST TENSE,
TURN BOOK OVER AND READ
FROM FRONT COVER.

Frases culturales / Cultural Phrases

quetzales - the currency of Guatemala

Estados Unidos (EE. UU.**) -** United States (U.S.)

Guatemala - a country in Central America, directly south of Mexico

Ciudad de Guatemala - Guatemala City

Patrulla Fronteriza - Border Patrol

guayabera - embroidered button-up shirt that is traditionally worn by Mexican men

coyote - a person who is hired to illegally smuggle immigrants across the U.S.-Mexico border.

Guatemala

México

Belize

Chiapas, México

Honduras

● Guatemala City /
Ciudad de Guatemala

Pacific Ocean

El Salvador

Capítulo 1
El teléfono

Es un día normal. Son las 8:00 de la mañana y preparo café. Mi hijo, Ricardito, mira la televisión. La bebé le habla a Ricardito: «Ba, ba..., ba, ba, ba». En este momento, el teléfono suena[1]: «Ring..., ring...». Pienso que es mi madre. Normalmente me

[1]*suena - (it) rings*

1

llama a las 8:00. Mi madre me llama mucho. «Ring..., ring...».

– Hola.

«Respiración...».

– ¡Hola!

«Respiración...». «¡Clic!».

No es mi madre. Es una persona misteriosa. La persona misteriosa me llama mucho. Llama, pero no habla. Solo respira: «Aaaah, uuuuh..., aaaah, uuuuh». Estoy nerviosa. Ahora, mi bebé llora: «Buaaa, buaaa».

– ¡Mamá, la bebé está llorando! –me dice
   Ricardito.

Ya no pienso más en la persona misteriosa. Pienso en mis hijos.

– Mamá, ¿por qué llora la bebé?

– Porque tiene hambre. –le respondo yo.

– Yo tengo hambre, pero no lloro.

– Ji, ji, ji... tú no e...

El teléfono suena otra vez: «Ring..., ring...». Agarro el teléfono nerviosa, pero no hablo. Pienso un momento y decido hablar:

– Hola...

«Silencio...».

– ¡¿Qué quiere?! –digo con un tono nervioso e irritado.

– No quiero nada. Solo te llamo para hablar –me dice mi madre.

– ¡Ay, mamá! Perdón –le respondo yo.

– ¿Qué pasa, mija? ¿Qué tienes²?

– Nada, mamá –le respondo–. La bebé está llorando. Tiene hambre.

– Es...b...lla...s...t... «Clic».

Estoy irritada. ¡El servicio telefónico de Guatemala es horrible! Preparo una botella para la bebé y el teléfono suena otra vez. «Ring...». Agarro el teléfono rápidamente y continúo hablando con mi madre:

– Ay, mamá..., el servicio telefónico de Guatemala es horrible. ¡¿Es posible hablar por teléfono sin interrupción?!

«Respiración...».

– ¿Mamá...?

«Respiración...».

La persona misteriosa me llama otra vez. No quiero hablar con la persona misteriosa. No quiero

²*¿Qué tienes? - What's the matter?*

que me llame. Estoy muy irritada y un poco nerviosa. Yo le digo:

    – ¡¿Qué quiere?! ¿Por qué me llama?...
      ¡Hábleme!

«Respiración...». «Clic».

¡El teléfono me atormenta! Mi hijo me mira. Solo tiene cuatro (4) años, pero es inteligente y observador. Él observa que estoy nerviosa y me dice:

    – Mami, ¿qui…

«Ring...». El teléfono lo interrumpe. Mi hijo me mira a mí y mira el teléfono. «Ring..., ring...». Ya no

4

tengo paciencia. Agarro el teléfono rápidamente y digo con un tono furioso:

    – ¡No me llame más!

    – ¿Mija?... –me dice mi madre.

    – ¡Ay, mamá! Perdóname.

    – Mija, ¿qué tienes?

No quiero hablar con mi mamá de la persona misteriosa. Mi mamá es una persona nerviosa. No quiero alarmarla. Ella repite:

    – Mija, ¡¿qué tienes?!

Ella es muy persistente. Decido explicarle la situación:

– Por las mañanas, el teléfono suena. Una persona misteriosa me llama, pero no habla. Solo respira en el teléfono. Es horrible.

– ¡Ay! ¡Alberto causa muchos problemas! –me dice mi madre.

– ¡¿Alberto?!... –le respondo confundida.

– ¡Sí, Alberto! ¡Él es bruto! –me dice mi madre con indignación.

– Alberto es buen esposo. Es buen padre. Es buena persona –le digo en defensa de mi esposo.

– La obsesión de Alberto con el sindicato[3] te causa muchos problemas.

– Mamá, Alberto no tiene obsesión. ¡Tiene pasión!

– ¡Su participación en el sindicato es una obsesión! –me responde mi madre con un tono sarcástico.

– ¡Es una pasión! El sindicato combate la corrupción. Representa a la justicia. El sindicato es nuestra esperanza[4].

[3]*sindicato - union*
[4]*esperanza - hope*

Capítulo 2
¡La espera!

A las 11:00 de la mañana, vamos a la tortillería por tortillas. Liliana no está contenta. Llora mucho y le hablo para calmarla:

– ¿Qué tienes, Lili? Cálmate. No llores.

Lili continúa llorando y yo decido regresar a casa. Vamos en dirección a casa y Ricardito me pregunta:

– Mami, ¿Adónde vamos? No tenemos tortillas.

– Vamos a regresar a casa. Lili no está bien.

– Pero yo quiero tortillaaaas –grita Ricardito.

Ricardito no está contento. Él llora. Ahora, Ricardito y Lili lloran. «Buaaa..., buaaa..., buaaa». ¡Los dos lloran y lloran! Cuando regresamos a casa, mis hijos ya no lloran más. Lili está muy silenciosa. De repente, ella vomita. Ricardito mira a Lili y grita:

– ¡Mamá, Lili está vomitando!

Lili vomita mucho. Yo miro el vómito y quiero vomitar. ¡Ay! Lili llora y vomita durante todo el día. Ricardito no está contento y me dice:

– Mami, ¿Cuándo regresa Papi?

– Después del trabajo, mijo.

Ricardito llora porque quiere que su papá regrese. Yo también quiero que Alberto regrese, pero no es posible. Él trabaja mucho. ¡Es trabajador[1]! Normalmente no regresa hasta las 6:00 de la tarde. A las 5:00, Ricardito llora y pregunta por su papá. De repente, él grita: «¡Uy!», y entonces, Ricardito vomita. ¡Ay, ay, ay! ¡Qué día! ¡Qué día de llorar y vomitar!

[1] trabajador - hard worker

Quiero llamar a Alberto, pero él está trabajando. No quiero causarle problemas en su trabajo. Alberto ya tiene problemas en su trabajo. Trabaja para la Ciudad de Guatemala[2]. Es chofer para el Departamento de Transporte Público. No es buen trabajo, pero ¡es trabajo! Alberto es el presidente del sindicato. Él no es popular con los políticos de la Ciudad de Guatemala. Ser presidente del sindicato le causa problemas en su trabajo. No quiero causarle más problemas y no voy a llamarlo. Lo espero...

A las 6:00 de la tarde, Ricardito me pregunta:

> – Mami, ¿Cuándo regresa papi?
> – Pronto, mijo, pronto...

Por fin, Lili se duerme pero Ricardito no se duerme. Él espera a su papá.

[2]*Ciudad de Guatemala - Guatemala City*

Esperanza

Nosotros dos lo esperamos en el sofá. Esperamos una hora, pero Alberto no regresa. Decido llamarlo por teléfono. No quiero llamarlo a su trabajo, pero ya son las 7:00 de la tarde. «Ring..., ring..., ring...». Lo llamo otra vez. «Ring..., ring..., ring...». Lo llamo una vez más. «Ring..., ring..., ring...».

Ricardito y yo esperamos una hora más y enton-

ces, Ricardito se duerme. Estoy fatigada, pero no me duermo. Espero a Alberto. Me pregunto: «*¿Dónde está? ¿Hubo³ un accidente?*». Estoy muy preocupada y completamente exhausta. Mi imaginación me causa problemas: Me imagino que hubo un accidente horrible. Me imagino que él está en la cantina. Me imagino que él... está con otra...

Ahora quiero llorar. Quiero dormir. ¡Quiero que Alberto regrese! Lo espero en el sofá y pienso en la situación. Me pregunto: «*¿Quién llama por teléfono? ¿Dónde está Alberto? ¿Por qué no regresa?*». Estoy muy preocupada, pero tengo esperanza...

³*hubo - there was; was there?*

Capítulo 3
El mensaje

A las 7:00 de la mañana, todavía estoy en el sofá esperando a Alberto. Estoy preocupada, exhausta y ¡furiosa! De repente, el teléfono suena. «Ring...». Tengo miedo. Pienso: *«¿Quién llama? ¿Es Alberto? ¿Es la persona misteriosa? ¡¿O… es la morgue?!»* «Ring..., ring...». Yo contesto el teléfono y hablo nerviosamente:

– Hola.

– «Respiración»... Quiero hablar con Alberto
–demanda una voz siniestra[1].

No quiero contestarle, pero por fin, le respondo
nerviosa:

– Alberto no está. ¿Quién habla?

La voz siniestra no me responde. Solo dice:

– Tengo un mensaje[2].

– ¿Sí?...

– Alberto Reyes tiene veinticuatro (24) horas
para escaparse de Guatemala. Si él no se
va de Guatemala, vamos a matarlo[3] y a su
familia también. «Clic».

Al instante, el teléfono suena otra vez. «Ring...».
¡Tengo miedo! ¡Estoy paralizada de miedo! «Ring...,
ring...». ¡Qué terror! ¡No quiero contestar! «Ring...,
ring...». Por fin, contesto el teléfono y digo:

– Hola.

– Querida... –me dice una voz nerviosa.

– ¿Alberto?

– Sí, soy yo. Escúchame. Tenemos un grave

[1]*voz siniestra - sinister voice*
[2]*mensaje - message*
[3]*matar(lo) - to kill (him)*

13

problema –me dice Alberto.

– ¿Qué pasa? –le pregunto con miedo.

Es obvio que Alberto está nervioso. Yo lo noto en su voz. Él habla muy rápido:

> – Un trabajador del departamento causó un accidente en su trabajo y ¡los policías lo arrestaron!

> – ¿Lo arrestaron solo por causar un accidente?

> – Sí, ¡lo arrestaron!

14

– ¿Fue un accidente grande?

– No, no fue muy grande, pero acusaron al trabajador de negligencia.

– ¡Qué injusticia! –le respondo yo con indignación.

– ¡Entonces los trabajadores, furiosos, demandaron una huelga! ¡Qué conmoción!

Alberto es el presidente del sindicato. Organizar una huelga es su responsabilidad. Él está nervioso y habla muy rápido. Continúa explicándome la situación:

– Hablé con todos los oficiales del sindicato y decidimos iniciar una huelga. Organizamos una reunión grande. ¡Había más de mil (1000) trabajadores en la reunión! Todos los trabajadores gritaban: «¡Huelga, justicia..., huelga, justicia...!». Los políticos estaban furiosos. Llamaron a la policía y a los soldados. ¡De repente, muchos policías y soldados entraron con pistolas y rifles! «¡Pum, pum, pum!». ¡Entonces, hubo un caos tremendo! Todos gritaron y corrieron. Yo corrí y me escapé. No regresé a casa porque los policías me están buscando.

– ¡Alberto! –le exclamo–. ¡Tengo un mensaje!... *«Alberto Reyes, tienes veinticuatro (24) horas para escaparte de Guatemala. Si no te vas de Guatemala, van a matarte a ti y también a tu familia».*

– ¡Tenemos que escaparnos! Voy a ir a la casa de mis padres.

Los padres de mi esposo viven en México, a unas siete (7) horas de la Ciudad de Guatemala. Viven en Chiapas, en un área donde se permite vivir a los guatemaltecos. Chiapas es una zona mexicana y los políticos guatemaltecos no tienen control en México. No estoy contenta con el plan de Alberto: Él va a escaparse a México y los niños y yo..., ¿qué? ¡Es horrible! Tengo miedo y lloro histéricamente. Lo acuso de abandonarnos:

– ¡¿Vas a abandonarnos?!

– ¡No, no voy a abandonarlos! Nuestra separación es para tu protección y la de los niños. ¡Escúchame! ¡Es importante! Agarra el dinero de la jarra y prepara a los niños lo más rápido posible. Corran a la estación de autobuses y tomen un autobús a Chiapas. Yo los espero en la casa de mis pa-

dres. «Clic».

¡Tengo miedo! Lloro descontroladamente y pienso: *«¿Va a escaparse Alberto? Vamos a escaparnos nosotros?»*. En este momento, no tengo mucha esperanza.

Capítulo 4
El escape

– Corre un poco más, mijo –le digo a Ricardito.

– No puedo, mamá.

¡Pobre Ricardito! Él no puede correr más. Tenemos que correr mucho. La estación de autobuses está a unas cinco (5) millas de la casa. Después de correr una milla, Ricardito llora y me dice:

– Mami, no quiero correr más. No puedo. Tengo hambre.

– No llores, mijo. ¿Quieres comer?

– Síííííííí –él llora.

– Vamos a la casa de Tete. Podemos comer en la casa de Tete.

Tete es mi tía. Realmente no quiero ir a su casa. Quiero continuar a la estación de autobuses, pero los niños tienen hambre. Si tenemos que continuar corriendo, necesitamos comer. Cuando llegamos a la casa de mi tía, ella está enfrente de la casa. Ella nos mira y grita:

– ¡Qué maravilla! ¿Cómo están mis niñitos favoritos?

– ¡Tengo hambre! –le responde Ricardito.

Entramos a la casa y Tete prepara café y cereales. Yo no hablo mucho porque estoy muy nerviosa. Mi tía me observa y me pregunta:

– ¿Qué tienes, mija?

Yo le explico la situación en privado porque no quiero que Ricardito lo escuche. Tete reacciona con pánico. Me dice histéricamente:

– ¡Ay, mija! ¡Tienes que escapar! ¡Rápido!

19

Escuché las noti-cias[1] en el radio y dicen que hubo mucha violencia poli-ciaca durante la noche. Los poli-cías mataron a tres trabajadores de la Ciudad de Guatemala. Los acusaron de ser

criminales. Dicen que los policías también buscan a otros criminales que trabajan para la Ciudad.

– Sí, tía. ¡Buscan a Alberto! Él es el presi-dente del sindicato y ¡se le considera un criminal!

– ¿Buscan a Alberto, el criminal? –me pre-gunta sarcásticamente.

– Sí... Y buscan a la familia del criminal tam-bién.

Es obvio que ahora mi tía tiene mucho miedo.

[1]noticias - news

Ella dice con voz nerviosa:

– ¡A comer! ¡Rápido!

Nosotros comemos rápidamente. Comemos en silencio. Después de comer, mi tía agarra unas frutas y me dice:

– Toma estas frutas.

Entonces, ella agarra doscientos (200) quetzales[2]. Me mira y llora. Ella no puede hablar. Por fin me dice:

– Toma el dinero y llámame si tienes problemas.

– Gracias, Tete.

Los niños y yo nos vamos rápidamente de la casa de mi tía. Pasamos por la ciudad y observamos que hay mucho caos. Los trabajadores marchan por la ciudad gritando: «¡Huelga, justicia..., huelga, justicia!». Los policías y los soldados corren por la ciudad para controlar a los trabajadores.

Yo tengo mucho miedo. Le agarro la mano a Ricardito y le digo:

– Por favor, mijo, ¡corre!

Ricardito corre un poco, pero no puede correr más. ¡Yo no puedo correr más tampoco! Tengo a la

[2]*quetzales - the currency of Guatemala*

bebé en mis brazos[3] y ¡estoy completamente exhausta! Continuamos en dirección a la estación, pero no corremos.

Los niños y yo continuamos por la ciudad durante tres horas. Por fin, llegamos a la estación, pero ¡qué horror! ¡Hay muchos policías y soldados guardando la estación! Yo le digo calmadamente a Ricardito:

– Ricardito, no quiero que hables ni con los policías ni con los soldados. Si un policía te habla, no le respondas.

Ricardito me mira. Llora y me dice:

– Tengo miedo. Quiero regresar a casaaaaaa.

– No llores, mijo. No tengas miedo –le digo con voz calmada–. Vamos a pasar por donde están los soldados y vamos a entrar

[3]brazos - arms

a la estación.

Ricardito continúa llorando. Estoy muy nerviosa. No quiero que Ricardito llore. No quiero llamar la atención de los policías. En mi desesperación, le digo:

– Si no lloras, puedes comer un mango...

Ricardito ya no llora. Agarra el mango y se lo come. Yo le agarro la mano a Ricardito y pasamos por donde están los policías y los soldados. Los policías no nos miran, pero cuando vamos a entrar en la estación, un sol- dado me agarra del brazo y me pregunta:

– ¿Adónde vas?

– A..., a..., a la estación.

– ¡Es obvio! ¡¿Adónde vas a ir?! – él me grita.

– Aaa...,

aaa... a visitar a mi tía –le contesto nerviosa.

– ¿Dónde? –él me grita con voz furiosa.

– En Chiapas, México.

– Necesito tus documentos –demanda el soldado.

¡Tengo mucho miedo! ¡No quiero revelar mi identidad! Los políticos están buscándonos. ¡Si revelo mi identidad, van a matarnos!

De repente, un grupo de trabajadores marcha enfrente de la estación. Ellos les gritan insultos a los policías y a los soldados. Los policías y los soldados corren hacia el grupo, incluso el soldado que me tiene agarrada. Le agarro la mano a Ricardito y entro a la estación rápidamente.

Al entrar a la estación, escuchamos un anuncio[4]: «El autobús para Chiapas se va en cinco (5) minutos». Corremos hacia el agente y le digo frenéticamente:

– Dos boletos[5] para Chiapas, por favor.

Yo tomo los boletos del agente y en este momento, tengo un poco de esperanza.

[4]*anuncio - announcement*
[5]*boletos - tickets*

Capítulo 5
¡A México!

Miro por la ventana del autobús. Ricardito y Lili duermen, pero yo no. No puedo dormir. Pienso en Alberto: *«¿Va a escaparse? ¿Va a llegar a la casa de sus padres? ¿Llegó ya?»*.

En el autobús, las personas están silenciosas. Muchas personas duermen y otras miran por la ventana. Estamos en un área remota. Miro las montañas

y la desolación. No hay mucha gente, solo la gente indígena que vive en las montañas. Continuamos en dirección a Chiapas en silencio.

Pronto, me duermo, pero no puedo dormir mucho porque el bus para[1] abruptamente. De repente, unos soldados corren hacia el bus y gritan: «¡Necesitamos sus documentos!». ¡Tengo miedo! Pienso que los soldados están buscándonos.

Los soldados entran al bus y yo observo a la gente. Muchas personas les dan dinero a los soldados, pero un hombre no les da dinero. Solo les da sus documentos. Un soldado los toma furiosamente, los mira y violentamente agarra al hombre. ¡Lo arrestan!

Rápidamente, yo agarro cien (100) quetzales. Cuando el soldado pasa frente a mí, le doy los cien

[1]*para - stops*

(100) quetzales. El soldado agarra el dinero y me mira atentamente. Estoy muy nerviosa y no lo miro. Él me agarra del brazo y me grita:

– ¡Ustedes son tres!

– Ay, perdón –le respondo nerviosa.

Rápidamente, yo agarro doscientos (200) quetzales más y se los doy al soldado. El soldado agarra el dinero y continúa por el resto del bus. Después de una eternidad, se van. Pienso: «*¡Soldados corruptos! ¡Ellos son los criminales de Guatemala!*».

Por fin, llegamos a Tapachula, Chiapas. Los niños y yo vamos en dirección a la casa de los padres de Alberto. Ricardito me pregunta:

– Mamá, ¿ya llegó papi?

– Es posible –le respondo.

Estoy muy nerviosa. Me pregunto: «*¿Se escapó Alberto? ¿Lo arrestaron? ¿Lo mataron?...*». Continuamos hacia la casa.

Cuando llegamos, Alberto está enfrente de la casa esperándonos. Ricardito corre hacia su papá y yo lloro descontroladamente.

Durante los meses siguientes[2], Alberto obtiene

---

[2]*siguientes - following*

27

Esperanza

trabajo. Vivimos con sus padres durante tres (3) meses y después, compramos una casa. Alberto está contento, pero yo no. Estoy triste. Estoy sola en México. No tengo familia. Tampoco tengo amigos. México es diferente. ¡Es muy diferente!

Los meses pasan rápido y yo no me acostumbro a México. Todavía estoy muy triste. Un día, Alberto me dice:

– Yo quiero ir a los Estados Unidos[3].

– ¿A los EE. UU.[3]?

– Sí. ¿Quieres ir?

Yo no quiero ir a los Estados Unidos. Yo quiero regresar a Guatemala. Quiero regresar a mi casa. Quiero estar con mi familia. Le respondo:

– No, no quiero ir.

– Hay más trabajo en los Estados Unidos –me dice Alberto.

– ¡Hay más problemas! –le respondo–. ¿Cómo vas a entrar en los Estados Unidos sin documentos legales?

Alberto y yo tenemos documentos oficiales de Guatemala. Todos los residentes (legales) de Guate-

[3]*Estados Unidos (EE. UU.) - United States (U.S.)*

mala tienen documentos oficiales. Nosotros no tenemos documentos oficiales de México. Los guatemaltecos pueden vivir en Tapachula, Chiapas, pero no pueden pasar por otras áreas de México sin documentos oficiales de México. Alberto y yo no tenemos documentos mexicanos.

Alberto insiste mucho. ¡Quiere ir a los Estados Unidos! Él me explica su plan:

> – Tú y los niños van a regresar a Guatemala.
> Van a la casa de tu madre. Yo voy a ir a los
> EE. UU. Cuando llegue, voy a buscar tra-
> bajo. Si obtengo trabajo y todo está bien,
> te llamo y vas tú también.

Durante los siguientes días, Alberto organiza sus planes. No estoy contenta. No quiero ir a los EE. UU. , pero no quiero vivir en México tampoco. Estoy triste. No quiero que Alberto nos abandone otra vez.

El día 31 (treinta y uno) de enero de 1989 (mil novecientos ochenta y nueve), mi familia va a la estación de autobuses. Alberto compra un boleto para Tijuana, México y dos boletos para la Ciudad de Guatemala. Otra vez, estamos separados. Estoy triste y lloro. Alberto, al contrario, está un poco nervioso, pero está muy contento. Él tiene mucha esperanza...

Capítulo 6
El abandono

Cuando llegamos a la Ciudad de Guatemala, mi familia no está en casa; están todos en una misa católica por mi primo[1] Edgar. Es el aniversario de su muerte[2]. Los soldados mataron a Edgar el 1 (uno) de febrero de 1988 (mil novecientos ochenta y ocho). Lo mataron por participar en un grupo de activistas

[1]primo - cousin
[2]muerte - death

políticos. El grupo planeaba deponer[3] al Presidente Cerezo. Los activistas planeaban deponer a Cerezo porque era un corrupto. Él ignoró muchos casos de abusos violentos. Mi primo, Edgar, era una buena persona. Tenía pasión por la justicia.

La misa es muy triste. Todos lloran por Edgar. También lloran por mí, por mis niños y por Alberto. Hay mucha violencia en Guatemala y es normal estar triste. Es normal tener miedo.

Después de la misa, todos vamos a la casa de mi tía. Comemos mucho y escuchamos música de mariachi. Escuchamos la música favorita de Edgar. Celebramos su vida. Mañana vamos a llorar su muerte. Vamos a ir al cementerio para lamentar su muerte y para honrarle. Pensar en la muerte de Edgar me da miedo. Me hace pensar en la muerte de Alberto...

Durante los días siguientes, esperamos noticias de Alberto. Pasan cinco días y no recibimos noticias de él. Tengo miedo por él. Muchos guatemaltecos se van para los EE. UU., pero muy pocos llegan. Muchos inmigrantes tienen problemas en México. Hay mucha corrupción en México también. Es normal

[3]deponer - to depose (remove from power)

dar mucho dinero para pasar por México. Sin dinero, es normal tener problemas. Me pregunto: «*¿Tiene Alberto suficiente dinero? ¿Va a llegar a los EE. UU.? ¿Cuándo va a llamarnos?*».

Esperamos unos días y por fin, Alberto nos llama. Está muy contento y me describe su experiencia:

– Tomé el autobús a Tuxtla Gutiérrez y visité a mi primo, Miguel. Él me dio una guayabera[4] azul. Con la guayabera azul, yo parecía mexicano. Ja, ja, ja. No solo parecía mexicano, parecía un chofer de autobús mexicano. ¡Yo parecía puro mexicano! Los oficiales mexicanos no me miraron, no me notaron, no me preguntaron por mis documentos. Ja, ja, ja.

---

[4]guayabera - *Button-up shirt with vertical embroidery, traditionally worn by Mexican (and Latin American) men.*

– ¡Increíble! –le respondo yo–. ¡Recibiste un gran favor de Dios!

– Sí, recibí muchos favores de Dios. Ja, ja, ja. En Tuxtla Gutiérrez, tomé el autobús hacia el norte. Tomé el bus para Oaxaca, D.F.[5], Guadalajara, Mazatlán, Culiacán, Guaymas y al final, Tijuana. En Tijuana, encontré a un coyote[6]. Le di seiscientos dólares americanos ($600 US) para que me llevara a través de la frontera[7]. Mi amigo Fernando, me encontró en la frontera y me llevó a Los Ángeles. Estoy en Los Ángeles y rento un dormitorio en la casa de una familia mexicana. ¡Ya tengo trabajo!

– ¡Ya tienes trabajo! –exclamo yo.

– ¡Sí! Estar en los EE. UU. es otro favor de Dios. ¿Quieres venir?

---

[5]*D.F. - Distrito Federal, Mexico City (the city officially changed its abbreviation from D.F. to CDMX as of 2018).*

[6]*coyote - a person who is contracted to illegally smuggle immigrants across the U.S.-Mexico border.*

[7]*a través de la frontera - across the border*

No quiero ir a los EE. UU., pero no quiero decírselo[8] a Alberto. No le respondo y él repite la pregunta:

> – ¿Quieres venir?... ¿Quieres venir a los EE. UU.?

No quiero ir a los EE. UU., pero no quiero vivir en la injusticia y violencia de Guatemala tampoco. Es una decisión delicada. Para ir a los EE. UU., tengo que abandonar a mis hijos. La idea de abandonar a mis hijos me atormenta. Yo le digo a Alberto:

> – No quiero abandonar a los niños.

> – Sí, pero es imposible pasar a través de la frontera con los niños.

> – ¡No puedo abandonarlos! –exclamo llorando.

> – ¡No vas a abandonarlos! –me dice Alberto con convicción–. Su separación no va a ser una separación permanente. Al obtener la residencia legal, vamos a llevar a los niños a los Estados Unidos también.

> – ¿Y si nosotros no podemos obtener la residencia...? ¿Qué? –le pregunto con voz triste.

[8]*decírselo - to say it to him*

34

– Yo tengo mucha esperanza. Vamos a obtenerla. Los niños no tienen un futuro en Guatemala.

Decido ir a los EE. UU., pero tengo mucho miedo. Durante los días siguientes, lloro por mis hijos. No quiero abandonarlos.

El día 16 (dieciséis) de febrero de 1989 (mil novecientos ochenta y nueve) es un día muy triste. Mi mamá está llorando. Ella tiene a Lili en sus brazos. Ricardito me agarra y llora descontroladamente.

«¡Maaamiiii!», me grita. Yo lloro también. Es el día más triste de mi vida.

Me voy para la estación de autobuses y tomo un autobús a Tapachula, Chiapas. Allí me encuentro con el hermano de Alberto. La esposa de su hermano es mexicana. Su esposa se parece a mí y ella tiene veintitrés (23) años también. Sus documentos son perfectos para mí. La foto de su identificación se parece exactamente a mí. Ella me da sus documentos oficiales. Con los documentos, yo puedo pasar por México sin problemas.

Al día siguiente, tomo un autobús hacia el norte. Estoy triste y nerviosa. Miro por la ventana y pienso: *«¿Hay esperanza?»*.

Capítulo 7
La frontera

Bienvenidos a Tijuana

Paso cuatro días en autobús. Cuando llego a Tijuana, estoy completamente fatigada. También estoy muy nerviosa. Me voy de la estación de autobuses y camino hacia el norte. Tijuana es muy diferente a la Ciudad de Guatemala. Estoy nerviosa. Tengo seiscientos veinte dólares ($620) y ¡estoy sola! Continúo hacia el norte y pienso en el plan: Llegar a la Avenida Puente México, caminar hacia el Canal Río Tijuana, esperar hasta la noche y a las 12:00, buscar a un coyote para que me lleve a través de la frontera.

Camino durante tres horas, estoy exhausta y tengo mucho estrés. Ya son las 8:00 de la noche. No quiero caminar más. Quiero comer. ¡Tengo mucha hambre! Voy a un restaurante y como dos tortillas con frijoles. Yo quiero pagar con quetzales pero no

aceptan quetzales en México. Solo aceptan pesos mexicanos o dólares americanos. Yo pago con dólares y le pregunto a la mesera[1]:

> – ¿Dónde está la Avenida Puente México?
> – ¿Buscas la frontera? –me pregunta con un tono normal.

Estoy nerviosa y no quiero decirle que sí, que busco la frontera. Yo le contesto nerviosa:

> – No, no busco la frontera. Busco a un amigo. Vamos a encontrarnos en la Avenida Puente México.

Ella me da direcciones y me dice:

> – No hay amigos en la Avenida Puente México. Guarde su dinero.
> – Gracias –le respondo y me voy para el canal.

No camino rápido. Solo son las 9:00 de la noche y tengo que esperar hasta las 12:00 de la medianoche[2]. Estoy nerviosa. La ciudad está muy oscura[3]. Camino en silencio y guardo mi dinero nerviosamente.

A las diez, llego al canal. Hay mucha gente allí. Todos esperan en silencio. Espero nerviosa. Está muy

[1]*mesera - waitress*
[2]*medianoche - midnight*
[3]*oscura - dark*

oscuro. Entonces, escucho voces en la oscuridad. Una mujer está llorando y dice:

> – Solo tengo doscientos dólares ($200). Mi esposo ya le pagó cuatrocientos dólares ($400).
> – Tu esposo no me pagó ni un centavo –el coyote le responde cruelmente.

La mujer llora descontroladamente. Yo quiero darle dinero a la mujer, pero solo tengo seiscientos quince dólares ($615). Los necesito para pagar el coyote.

Espero una hora más y observo a la gente. Quiero encontrarme con un coyote honesto. Me pregunto: *«¿Existen coyotes honestos?»*. A las 12:00 de la medianoche, busco a un coyote. De repente, un hombre camina rápidamente hacia mí. El hombre me pregunta:

> – ¿Buscas a un coyote?

¡Tengo miedo! He escuchado[4] historias de policías que pretenden ser coyotes. También he escuchado historias de criminales que pretenden ser coyotes. No quiero responderle. ¡Quiero correr! El hombre me agarra del brazo y repite con un tono irritado:

[4]he escuchado - I have heard

– ¡¿Buscas a un coyote o no?!

– Aaa…, na… sí –le respondo con mucho miedo.

– Págame seiscientos dólares ($600).

No quiero darle el dinero. Me pregunto: *«¿Es criminal o policía?»* ¡Tengo mucho miedo!, pero le doy los seiscientos dólares ($600). El hombre agarra el dinero con una mano y todavía me tiene agarrada con la otra.

– ¡Vamos! –me dice con voz siniestra.

Continuamos caminando en dirección a la frontera. Caminamos silenciosamente por el desierto. Todo está muy oscuro. Caminamos una hora. En la distancia, podemos ver las luces[5] de la ciudad de San Ysidro en California. El coyote me dice en voz baja:

[5]*luces - lights*

– Al ver la estación Greyhound de autobuses en la distancia, vamos a correr. Corre lo más rápido posible hacia el Parque San Ysidro. Al llegar al parque, camina calmadamente hacia la Plaza de San Ysidro. Al llegar a la plaza, ya estás en los Estados Unidos.

Caminamos treinta (30) minutos más y entonces, podemos ver la estación Greyhound de autobuses. El coyote me dice con voz urgente: «¡Corre!». Corremos hacia el Parque San Ysidro. De repente, escuchamos la voz de un hombre:

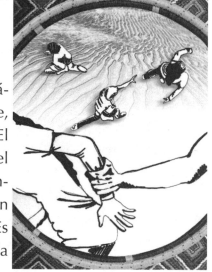

– ¡No corran! ¡Párense[6]!

Yo corro más rápido hacia el parque, pero el coyote no. El coyote corre hacia el desierto. ¡Me abandona! De repente, un hombre me agarra. ¡Es un agente de la Patrulla

[6]*¡Párense! - Stop! Halt!*

Fronteriza[7]! El agente me agarra y me pregunta:

> – ¿Hablas inglés?
>
> – No.
>
> – ¿De dónde eres?
>
> – De Gua... aaa..., México –le respondo nerviosa.
>
> – ¿Tienes identificación?
>
> – Sí.

Yo le doy mis documentos al agente. El agente me dice:

> – No tienes los documentos apropiados para entrar en los Estados Unidos. Entraste ilegalmente y vamos a deportarte.

Yo no le respondo al agente. Solo lloro silenciosamente. Tengo miedo. El agente y yo caminamos a un vehículo patrulla y él me lleva a una prisión para inmigrantes indocumentados.

Cuando llegamos a la prisión, unos agentes me llevan a una celda. Entro en la celda y lloro descontroladamente. Hay otra mujer en la celda. La mujer se llama Lucy. Lucy me ve llorar y me dice:

> – No llores. No hay problema.

[7]*Patrulla Fronteriza - Border Patrol*

– ¡Me van a deportar! –le respondo con un tono de pánico.

– Sí, y mañana vamos a regresar a la frontera para entrar a los Estados Unidos otra vez.

– Pero ya no tengo dinero –le digo llorando descontroladamente.

Lucy y yo pasamos la noche en la celda. En la mañana, un agente de la Patrulla Fronteriza nos lleva a un autobús. El autobús nos lleva a través de la frontera.

Cuando llegamos a México, Lucy me invita a la casa de su tía. Su tía vive en Tijuana. Ella es una mujer atractiva. Se parece a mi tía Tete. Ella es una buena persona.

La tía de Lucy me lleva a un teléfono público para llamar a Alberto. Lo llamo y le explico la situación. Alberto reacciona calmadamente:

> – ¿Puedes pasar la noche en la casa de la
> tía?
>
> – Sí.
>
> – Está bien –me dice Alberto–, Fernando va a
> ir a la casa. Espéralo allí.

La tía y yo regresamos a la casa. Espero a Fernando todo el día. Fernando es mexicano, pero vive legalmente en los Estados Unidos. Él puede ir y venir a México sin problemas. A las 8:00 de la noche, Fernando llega a la casa. Él me da seiscientos dólares ($600) para pagar a un coyote. Me dice:

> – Espera tres días en la casa. Entonces, regresa al canal. Llega al canal a las 2:00 de
> la mañana. Un coyote que se llama Beto
> va a estar esperándote[8]. Beto es mi amigo.
> Él puede llevarte a través de la frontera sin
> problemas.
>
> – Gracias, Fernando –le respondo nerviosa.

Es obvio que tengo miedo. Fernando me mira y me dice:

> – No tengas miedo. Con Beto, hay mucha
> esperanza.

[8]*estar esperándote - to be waiting for you*

Capítulo 8
Una noche formidable

Después de tres días, a la 1:30 de la mañana, voy para el canal. Cuando llego, no hay mucha gente. El canal parece abandonado. Solo veo a dos personas. Miro a las personas sin hablar. Me pregunto si una de las personas es Beto. Espero en silencio. Pronto las dos personas se van y estoy sola. Estoy nerviosa.

A las 2:00 de la mañana, un hombre viene. Camina hacia mí y me pregunta:

  – ¿Eres amiga de Fernando?

  – Sí. ¿Quién es usted?

  – Soy Beto.

Beto me mira y me pregunta:

  – ¿Tienes los seiscientos dólares ($600)?

  – Sí.

Yo le doy el dinero y él me responde:

  – Vamos.

Caminamos por la avenida unos minutos y llegamos a un carro. Yo le pregunto nerviosa:

  – ¿Va a llevarme a través de la frontera en carro?

  – No. Vamos a la playa. Vamos a pasar la frontera por la playa.

En el carro, Beto me explica lo que vamos a hacer:

  – Vamos a caminar por la playa un cuarto (1/4) de milla hacia el cable que marca la frontera. La playa está muy oscura de noche. No hay mucha gente y no hay luces. Al llegar al cable, vamos a correr por la playa. Yo voy a decir: «Ya.», y entonces vamos a correr en dirección al des-

ierto. Un carro azul va a esperarnos a una milla de la playa. Al llegar al carro, ya estamos en los Estados Unidos.

Pronto llegamos a la playa. Caminamos por la playa durante treinta (30) minutos y por fin llegamos a la frontera. Todo está muy oscuro, pero yo puedo ver figuras en la distancia. Me pregunto: «*¿Son agentes de la Patrulla Fronteriza?*». ¡Tengo miedo! Beto me dice en voz baja:

– ¡Corre!

Corremos unos minutos por la playa y entonces, corremos hacia el este por el desierto. Corremos por una eternidad. No puedo correr más, pero Beto insiste:

– ¡Corre! No puedes parar. ¡Los agentes están siguiéndonos!

Estoy exhausta. No quiero correr más, pero continúo corriendo y por fin, veo el carro azul. Beto ya no corre y me dice en voz baja:

– Espera. Puede ser una trampa[1].

– ¿¡Una trampa!? –exclamo con miedo.

De repente, hay luz en el carro y Beto grita con urgencia:

– ¡Corre!

En la distancia, vemos luces y escuchamos voces

[1]trampa - trap

gritando: «*¡Párense!*». Corremos rápidamente hacia el carro y escucho su motor: «Bruuum». Llegamos al carro y pronto nos vamos en dirección a San Diego.

Veinte (20) minutos después, llegamos a San Diego. Vamos a una gasolinera y esperamos unos minutos. Un carro negro viene y Beto me dice:

– Ya llega tu chofer. Él va a llevarte a Los Ángeles.

En este momento, veo a Alberto. Corro hacia él y lloro descontro-ladamente. Nos abrazamos[2] y lloramos. De repente, un vehículo de la Patrulla Fronteriza viene a la gasolinera y Alberto me dice:

– ¡Vámonos!

Nos vamos en dirección a Los

---

[2]*nos abrazamos - we hug each other*

Ángeles. Estoy completamente exhausta y pronto, me duermo. Duermo más de una hora y entonces, Alberto me dice:

– Ya llegamos.

Estamos en frente de una casa bonita. Tiene un patio decorado con muchas flores. Entramos en la casa silenciosamente. Todo está muy oscuro. Los residentes están durmiendo. Entramos en un dormitorio y Alberto se duerme rápidamente. Yo no puedo dormir. Estoy en los Estados Unidos, pero no estoy contenta. Pienso en mis hijos. Pienso en el abandono. Me pregunto: *«¿Voy a ver a mis hijos de nuevo?»*. Si no regreso a Guatemala, no tengo mucha esperanza de verlos otra vez.

Capítulo 9
Desilusión

Durante los siguientes dos (2) meses, seguimos rentando el dormitorio de la casa. Vivimos con una familia mexicana. La familia tiene un padre, una madre y dos hijos. Otros cuatro (4) inmigrantes in-documentados también viven en la casa. Alberto y

yo pagamos seiscientos veinte dólares ($620) al mes para vivir en la casa. El 1 (uno) de mayo de 1989 (mil novecientos ochenta y nueve), rentamos una casa con otra familia inmigrante. Dividimos la renta y solo pagamos ciento cincuenta dólares ($150) al mes.

Alberto sigue trabajando mientras yo investigo una manera de vivir y trabajar legalmente en los Estados Unidos. Y más importante, investigo una manera de reunirnos con nuestros hijos. Alberto trabaja mucho porque necesitamos dinero para pagar el proceso legal de solicitar la amnistía[1]. Cuando por fin tenemos seiscientos dólares ($600), le pagamos a un abogado especialista en preparar los documentos. El abogado tiene mucha experiencia con los documentos de inmigración y tenemos mucha esperanza.

El día 15 (quince) de octubre, a las 10:00 de la mañana, vamos al Departamento de Inmigración y esperamos a nuestro abogado enfrente de la oficina. Lo esperamos dos horas, pero él no llega. Alberto y yo no entramos en la oficina para hablar con los oficiales de inmigración. No entramos porque no hablamos inglés y no tenemos los documentos oficiales.

[1]*solicitar la amnistía - seek or request amnesty*

Desesperados, Alberto y yo vamos rápidamente a la oficina del abogado. Cuando llegamos, la oficina parece abandonada. ¡Qué desilusión! Yo lloro descontroladamente. Alberto me abraza y llora también.

Sin esperanza y sin dinero, regresamos a la casa. Quiero llamar a mi mamá para hablar con mis hijos, pero no tengo ni un centavo para llamarles. Estoy muy, muy triste. Lloro mucho y quiero regresar a Guatemala.

Durante los siguientes meses, Alberto sigue trabajando ilegalmente y yo sigo investigando una manera de reunirnos con nuestros hijos y de vivir y trabajar legalmente en los Estados Unidos. En enero de 1990 (mil novecientos noventa), hacemos una petición de asilo político con el Departamento de Inmigración. Esperamos tres (3) meses y por fin, los oficiales del Programa de Asilo Político nos responden:

Estimados candidatos:

Tienen una cita[2] oficial con el Departamento de Inmigración - Programa de Asilo Político, el 4 (cuatro) de septiembre de 1990 (mil novecientos noventa) a la 1:00 de la tarde. Tienen que presentar los documentos oficiales de su nación de origen, Guatemala, y también toda la información relacionada con su caso. Es importante ofrecer evidencia suficiente para defender su caso. Favor de llegar a la hora indicada.

Atentamente,
María de la Cruz
Secretaria del Director

[2]cita - appointment

– ¡Septiembre! –le digo llorando a Alberto.

– ¡Qué bueno!, ¿no?

– ¡No! ¡No es bueno! ¡Hasta septiembre no tenemos una cita!

Alberto me abraza y me dice:

– Cálmate. Necesitamos paciencia.

Durante los siguientes meses, yo lloro mucho por mis hijos. ¡Quiero verlos! Estoy muy triste. Alberto sigue trabajando mucho. Mientras él trabaja, yo organizo todos los documentos y papeles para demostrar nuestra necesidad de asilo político. Tengo noticias de varios periódicos[3] de Guatemala y cartas[4] de varios oficiales del sindicato.

Por fin, el día 4 (cuatro) de septiembre llega. ¡Estoy muy nerviosa! No hablamos inglés muy bien todavía y no tenemos un abogado.

[3]*periódicos - newspapers*
[4]*cartas - letters*

Llegamos al Departamento de Inmigración a las 12:45. Entramos en la oficina y una mujer nos habla. Ella mira a Alberto y le pregunta:

- ¿Es usted Alberto?
- Sí, soy Alberto.
- ¿Tiene usted los documentos?
- Sí, los tengo –Alberto le contesta nervioso.

Alberto le da los documentos a la mujer. Ella toma los documentos y los mira atentamente. Entonces, nos dice:

- ¡Perfecto! Tienen todos los documentos necesarios y la evidencia parece muy sólida.
- Gracias –le digo nerviosa.
- Voy a darles el permiso de trabajo. Con el permiso oficial, pueden trabajar legal-

mente en los Estados Unidos. No podemos
darles asilo político inmediatamente.

Vamos a aceptar su solicitud ahora, pero
tienen que regresar en seis meses para una
entrevista[5].

– ¿Seis meses? ¡Ya esperamos seis meses
  para una cita! –exclamo llorando.

Alberto me interrumpe y le dice a la mujer:

– Está bien. Gracias.

Entonces, él toma los permisos de trabajo y nos
vamos de la oficina. Yo lloro descontroladamente.
Estoy desesperada. Quiero reunirme con mis hijos.
¡Ricardito ya tiene 5 años y Liliana 3! Hace más de
un año[6] que no los veo. ¡Quiero verlos ahora! No
quiero esperar más.

No tengo confianza en el proceso de obtener la
residencia legal y sigo investigando nuestras opciones de obtener asilo político y de reunirnos con
nuestros hijos. En diciembre, llamo a una organización que se llama CARECEN. CARECEN ofrece asistencia legal a los inmigrantes latinoamericanos.

[5]*entrevista - interview*
[6]*hace más de un año - more than a year ago (it is more than
  a year)*

Consulto con una abogada de CARECEN. Le explico que estamos esperando una entrevista para obtener el asilo político. También le explico que espero reunirme con mis hijos.

– ¡Ay! –la abogada exclama–. Si quieres que tus hijos vivan en los Estados Unidos con ustedes, es súper importante que ellos estén presentes durante la entrevista. Si tus hijos no están con ustedes en la entrevista, va a ser muy difícil obtener la residencia legal para ellos.

– ¿Qué podemos hacer? –le pregunto con voz de desesperación.

– ¡Necesitan un plan para llevar a sus hijos a través de la frontera! ¡Es importante hacerlo rápidamente! ¡Ellos tienen que estar con ustedes en la entrevista!

¡Estoy desesperada! Es una situación grave. En este momento, no tengo ni una onza[7] de esperanza.

---

[7] *ni una onza - not even an ounce*

Capítulo 10
Esperanza

Alberto y yo pensamos en un plan para transportar a nuestros hijos a los Estados Unidos. El 29 (veintinueve) de diciembre, una carta llega a la casa. Es una carta del Departamento de Inmigración. La carta indica el día y la hora de la entrevista..., ¡el 15 (quince) de enero de 1991 (mil novecientos noventa y uno)!

— ¡Ay! Alberto, ¡¿qué vamos a hacer?! ¡Solo tenemos quince (15) días para transportar a los niños! —le exclamo con voz de pánico.

— Cálmate. Ya tenemos un plan.

— ¿Un PLAN? ¡La intención de hablar con tu hermano sobre el transporte de los niños no es un plan! ¿Y si tu hermano no quiere hacerlo? Entonces..., ¿qué?

— Es mi hermano... Tengo esperanza.

Durante los siguientes días, Alberto no trabaja. Solo se concentra en el plan de transportar a los niños por México y a través de la frontera. Llama a su hermano, a varios familiares, a mi madre, a varios amigos y... a varios coyotes. Habla por teléfono continuamente. Por fin, tenemos un plan.

Cuatro días después de llegar la carta, mi madre lleva a mis hijos a Chiapas, México. Es un día muy triste para mi mamá. El hermano de Alberto los espera en la estación de autobuses en Chiapas. Cuando mi madre y los niños llegan a la estación, el tío y los niños se van rápidamente en otro autobús y mi madre espera en la estación llorando. Mis pobres hijos pasan cuatro (4) días en el autobús. ¡Tengo miedo por mis hijos! No puedo comunicarme con

ellos mientras están pasando por México en autobús. Son cuatro (4) días horribles. No puedo dormir y no puedo comer tampoco. Solo puedo pensar en los niños.

Después de cuatro (4) días, el hermano de Alberto nos llama:

– Estamos en Tijuana.

– ¿Cómo están los niños? –le pregunta Alberto.

– Tienen miedo, pero están bien.

– ¿Ya te comunicaste con el coyote?

– Sí, vamos a reunirnos con él en treinta (30) minutos.

Alberto nota que los niños están llorando. Entonces, le dice a su hermano:

– ¿Qué piensas si yo hablo con Ricardito?

– Buena idea –le responde él.

Entonces, el hermano le da el teléfono a Ricardito. Alberto le habla calmada y felizmente.

> – Ricarditoooooo…, ¿cómo estás mijo? –le dice Alberto.

> – Papi, no quiero ir a los Estados Unidos –le responde llorando.

> – No llores, Ricardito. Todo va a ir bien, pero es importante que me escuches ahora. ¿Estás escuchándome?

> – Sí, papi –le responde Ricardito con voz triste.

> – Ricardito, un hombre va a llevarte a ti y a tu hermana a través de la frontera y necesitas ser valiente. No llores y no hables. Solo escucha las instrucciones. ¿Ricardito?... ¿Estás escuchándome?

> – Sí, papi.

> – El hombre va a llevarlos a través de la frontera en carro. Al pasar por la zona fronteriza, un policía va a hacerle unas preguntas al hombre. El policía va a preguntarle: «*Quiénes son los niños?*». Él hombre va a contestarle: «*Son mis hijos*». Si el policía te pregunta a ti: «*¿Es él tu*

papá?», tú vas a contestarle valientemente: «*Sí, él es mi papá*».

– ¿Por qué tío no va con nosotros?

– Tío no puede ir. Tú y Lili van a ir solos con el hombre. Si eres valiente y haces todo lo que te digo, tu mamá y yo vamos a verte muy pronto.

Entonces, Ricardito le da el teléfono a su tío.

– Ya es la hora. Tenemos que irnos –le dice el hermano.

– Hermanito –le dice Alberto nervioso–, si el coyote no parece buena persona, abandona el plan. No importa el dinero. Protege[1] a mis hijos, por favor.

– Los protegeré[2] con mi vida.

– Que Dios los proteja[3]. «Clic».

Es obvio que Alberto tiene miedo. Yo tengo miedo también. Alberto me abraza y me dice:

– Pronto vas a ver a tus hijos.

Alberto y yo vamos rápidamente a San Ysidro, California. Llegamos a San Ysidro a las 4:00 de la

---

[1]*protege - protect*
[2]*protegeré - I will protect*
[3]*Que Dios los proteja - May God protect them*

tarde y vamos a una gasolinera. Allí esperamos durante dos horas. Las horas parecen días. Me pregunto si voy a ver a mis hijos de nuevo. Yo lloro silenciosamente.

A las 6:07 de la tarde, un hombre camina hacia nosotros. Él tiene a una niña en sus brazos. ¡La niña es Lili! De repente, escucho una voz preciosa: «¡Mami!». Entonces, Ricardito corre hacia nosotros. Yo agarro a Ricardito y lo abrazo. Lili está llorando y Alberto la toma en sus brazos y le habla calmadamente.

– ¿Cómo te fue en la frontera? —le pregunta Alberto al coyote.

– Muy bien —le responde el coyote—. Cuando pasamos por el área de inspecciones, los niños estaban durmiendo. El agente me preguntó en voz baja: «¿Adónde van?» y yo le respondí: «A visitar a familiares». Entonces, él miró mis documentos mexicanos y me dijo: «Está bien. Adiós». Él no inspeccionó el carro ni les habló a los niños.

– Gracias a Dios —le exclamo con emoción.

Estoy muy contenta. ¡Por fin, estoy con mis hijos! Es el momento más feliz de mi vida.

Esperanza

Tres (3) días después, vamos con nuestros hijos al Departamento de Inmigración. Estamos nerviosos, pero tenemos mucha esperanza. Hablamos con tres oficiales. Ellos nos hacen muchas preguntas. Al final, los oficiales deciden que hay suficiente evidencia para demostrar la necesidad de asilo político. Por fin, mi familia puede estar legalmente en los Estados Unidos. Podemos trabajar legalmente sin problemas.

Ahora, soy inmigrante legal. Soy residente legal. Tengo mucha esperanza. Tengo esperanza por mis hijos y por nuestro futuro. Me llamo Esperanza y esta es mi historia de esperanza.

Epílogo

Al final, la familia de Esperanza recibió asilo político. Con ello, la familia tenía permiso para trabajar legalmente en los Estados Unidos, pero no el permiso de residencia permanente. En 2003, la familia solicitó la Residencia Permanente por la ley NACARA, una ley que ofrece la Residencia Permanente a las personas que escapan de su país a causa de una guerra civil o de la opresión política.

Hoy día, la familia vive en el suroeste de los Estados Unidos. Esperanza y Alberto tienen cuatro (4) hijos y trabajan a tiempo completo[1]. La familia está pensando en solicitar la ciudadanía[2] americana. Es un poco difícil obtener la ciudadanía, pero tienen esperanza.

[1]*tiempo completo - full time*
[2]*ciudadanía - citizenship*

Esperanza

Glosario

A

a - to

a través de - across

abandona - s/he abandons

abandonada - abandoned

abandonado - abandoned

abandonar - to abandon

abandonarlos - to abandon them

abandonarnos - to abandon us

abandone - s/he abandons

abandono - abandonment

abogada - attorney, lawyer

abogado - attorney, lawyer

abraza - s/he hugs

abrazamos - we hug

abrazo - I hug

abruptamente - abruptly

abusos - abuses

accidente - accident

aceptan - they accept

aceptar - to accept

(me) acostumbro - I get accustomed to

activistas - activists

acusaron - they accused

acuso - I accuse

adiós - goodbye

adónde - to where

agarra - s/he grabs

agarrada - grabbed, held

agarro - I grab

agente(s) - agent(s)

ahora - now

al - to the

al final - at the end

al llegar - upon arriving

alarmarla - to alarm her

(se) alarme - s/he gets alarmed

allí - there

americana - American

americanos - American

amiga - friend

amigo - friend

amigos - friends

amnistía - amnesty

aniversario - anniversary

año(s) - year(s)

anuncio - announcement

apropiados - appropriate

área(s) - area(s)
arrestan - they arrest
arrestaron - they arrested
asilo - asylum
asilo político - political asylum
asistencia - assistance
atención - attention
atentamente - attentively
atormenta - s/he, it torments
atractiva - attractive
autobús(es) - bus(es)
avenida - avenue
azul - blue

B

bebé - baby
bien - well, fine
boleto(s) - ticket(s)
bonita - pretty
botella - bottle
brazo(s) - arm(s)
bruto - brute, beast
buen - good
buena - good
bueno - good
bus - bus
buscan - they look for

buscando - looking for
buscándonos - looking for us
buscar - to look for
buscas - you look for
busco - I look for

C

cable - cable
café - café, cafeteria
calmada - calm
calmadamente - calmly
calmarla - to calm her
cálmate - calm down
camina - s/he walks
caminamos - we walk
caminando - walking
caminar - to walk
camino - I walk
canal - canal
candidatos - candidates
cantina - cantina, bar
caos - chaos
CARECEN - an organization that offered legal help to immigrants
carro - car
carta - letter
cartas - letters

casa - house
caso - case
casos - cases
católica - Catholic
causa - s/he, it causes
causar - to cause
causarle - to cause him/her
causó - s/he caused
celda - cell
celebramos - we celebrate
cementerio - cemetery
centavo - cent
cereales - cereal
Chiapas - a state in Mexico
chofer - chauffeur, driver
cien - one hundred
ciento - one hundred
cinco - five
cincuenta - fifty
cita - appointment
ciudad - city
ciudadanía - citizenship
civil(es) - civil
clic - click
combate - s/he combats
come - s/he eats
comemos - we eat
comer - to eat

cómo - how
como - I eat
completamente - completely
completo - complete
compra - s/he buys
compramos - we buy
comunicarme - to communicate
comunicaste - you communicated
con - with
concentra - s/he concentrates
confianza - confidence, trust
confundida - confused
conmoción - commotion
(se le) considera - s/he is considered
consulto - I consult
contenta - content, happy
contento - content, happy
contesta - s/he answers
contestar - to answer
contestarle - to answer him/her
contesto - I answer
continúa - s/he continues
continuamente - continuously

continuamos - we continue

continuar - to continue

continúo - I continue

contrario - contrary

control - control

controlar - to control

convicción - conviction

corran - they run

corre - s/he runs

corremos - we run

corren - they run

correr - to run

corrí - I ran

corriendo - running

corrieron - they ran

corro - I run

corrupción - corruption

corrupto(s) - corrupt

coyote - coyote: a person who is hired to illegally smuggle immigrants across the Mexico-U.S. border

criminal(es) - criminal(s)

cruelmente - cruelly

cuando - when

cuándo - when

cuarto - quarter

cuatro - four

cuatrocientos - four hundred

Culiacán - a city in Sinaloa, Mexico

D

da - s/he gives

dan - they give

dar - to give

darle - to give to him/her

darles - to give to them

de - of, from

de repente - suddenly

deciden - they decide

decidimos - we decide

decido - I decide

decir - to say

decirle - to say to him/her

decírselo - to say it to him/her

decisión - decision

decorado - decorated

defender - to defend

defensa - defense

del - of the; from the

delicada - delicate

demanda - s/he demands

demandaron - they demanded

demostrar - to demonstrate
departamento - department
deponer - to depose
deportar - to deport
deportarte - to deport you
descontroladamente - uncontrollably
describe - s/he describes
desesperación - desperation
desesperada - desperate
desesperados - desperate
desierto - desert
desilusión - disillusionment; disappointment
desolación - desolation
después - after
D.F. - Distrito Federal, Mexico City (the city officially changed its abbreviation from D.F. to CDMX as of 2018).
di - I gave
día - day
días - days
dice - s/he says
dicen - they say
diciembre - December
dieciséis - sixteen
diez - ten
diferente - different

difícil - difficult
digo - I say
dijo - s/he said
dinero - money
dio - s/he gave
Dios - God
dirección - direction, address
direcciones - directions
director - director
distancia - distance
dividimos - we divide
documentos - documents
dólares - dollars
donde - where
dónde - where (question word)
dormir - to sleep
dormitorio - bedroom
dos - two
doscientos - two hundred
doy - I give
duerme - s/he sleeps
(se) duerme - s/he falls asleep
duermen - they sleep
duermo - I sleep
durante - during
durmiendo - sleeping

Glosario

E

e - and
EE. UU. - U.S.
él - he
el - the
ella - she
ellos - they
emoción - excitement
en - in, on
encontrarme - to meet me, to encounter me
encontrarnos - to meet us, to encounter us
encontré - I encountered, found
encontró - s/he encountered, found
encuentro - I find
(me) encuentro con - I meet with
enero - January
enfrente de - in front of
entonces - then
entramos - we enter, we entered
entran - they enter
entrar - to enter
entraron - they entered
entraste - you entered

entrevista - interview
entro - I enter
era - s/he, it was
eres - you are
es - s/he, it is
(se) escapan - they escape
escapar - to escape
escaparnos - to escape
escaparse - to escape
escaparte - to escape
(me) escapé - I escaped
escape - escape
escapó - s/he escaped
escucha - s/he listens to
escuchado - listened to
escúchame - listen to me
escuchamos - we listen to
escuchándome - listening to me
escuché - I listened to
escuche - s/he listens to
escuches - you listen to
escucho - I listen to
especialista - specialist
espera - s/he waits for
espéralo - wait for him/it
esperamos - we wait for
esperan - they wait for

74

esperando - waiting for

esperándonos - waiting for us

esperándote - waiting for you

esperanza - hope

esperar - to wait for

esperarnos - to wait for us

espero - I wait for

esposa - wife

esposo - husband

está - s/he, it is

estaban - they were

estación - station

estado - state

Estados Unidos - United States

estamos - we are

están - they are

estar - to be

estas - these

estás - you are

este - east; this

estén - they are

estimados - dear (letter salutation)

estoy - I am

estrés - stress

eternidad - eternity

evidencia - evidence

exactamente - exactly

exclama - s/he exclaims

exclamo - I exclaim

exhausta - exhausted

existen - they exist

experiencia - experience

explica - s/he explains

explicándome - explaining to me

explicarle - to explain to him/her

explico - I explain

F

familia - family

familiares - familiar; family members

fatigada - fatigued

favor(es) - favor(s)

favorita - favorite

favoritos - favorite

febrero - February

feliz - happy

felizmente - happily

figuras - figures

fin - end

final - end, final

(al) final - at the end

flores - flowers
foto - photo
frenéticamente - frantically
frente - front
frijoles - beans
frontera - border
fronteriza - border
(Patrulla) Fronteriza - Border Patrol
frutas - fruits
fue - s/he, it was; went
furiosa - furious
furiosamente - furiously
furioso - furious
furiosos - furious
futuro - future

G

gasolinera - gas station
gente - people
gracias - thank you
gran - big
grande - big
grave - grave, serious
grita - s/he yells
gritaban - they yelled, were yelling
gritan - they yell
gritando - yelling

gritaron - they yelled
grupo - group
Guadalajara - a city in Jalisco, Mexico
guardando - guarding
guarde - s/he guards
guardo - I guard
Guatemala - a country in Central America
guatemaltecos - Guatemalans
guayabera - Embroidered button- up shirt that is traditionally worn by Mexican men
Guaymas - a city in Sonora, Mexico
guerra - war

H

había - there was
habla - s/he speaks, talks
hablamos - we speak, talk
hablando - speaking, talking
hablar - to talk, speak
hablas - you speak, talk
hablé - I spoke, talked
hábleme - talk, speak to me
hables - talk, speak
habló - s/he spoke, talked

hablo - I speak
hace - s/he does, makes
hacemos - we make
hacen - they make
hacer - to do, make
hacerle - to make him/her
hacerlo - to do it
haces - you do
hacia - toward
hambre - hunger
hasta - until
hay - there is, there are
he - I have
he (escuchado) - I have (listened)
hermana - sister
hermanito - little brother
hermano - brother
hijo - son
hijos - children
histéricamente - hysterically
historia - story
historias - stories
hola - hello, hi
hombre - man
honesto(s) - honest
honor - honor
honrarle - to honor him

hora(s) - hour(s)
horrible(s) - horrible
horror - horror
hoy - today
hubo - there was
huelga - a strike
humana - human

I

idea - idea
identidad - identity
identificación - identification
ignoró - s/he ignored
ilegalmente - illegally
imaginación - imagination
(me) imagino - I imagine
importa - s/he, it is important
importante - important
imposible - impossible
incluso - including
increíble - incredible
indica - s/he indicates
indicada - indicated
indígena - indigenous
indignación - indignation (anger at a perceived injustice)

indocumentado(s) - lacking documentation to visit or reside legally in another country

información - information

inglés - English

iniciar - to initiate

injusticia - injustice

inmediatamente - immediately

inmigración - immigration

inmigrante(s) - immigrant

insiste - s/he insists

inspecciones - inspections

inspeccionó - s/he inspected

instante - instant

instrucciones - instructions

insultos - insults

inteligente - intelligent

intención - intention

interrumpe - s/he interrupts

interrupción - interruption

investigando - investigating

investigo - I investigate

invita - s/he invites

ir - to go

irnos - to go

irritada - irritated

irritado - irritated

J

jarra - jar

justicia - justice

L

la(s) - the

lamentar - to lament; to mourn

las - the, them

latinoamericanos - Latin American

le - (to) him/her

legal(es) - legal

legalmente - legally

les - to them

ley - law

llama - s/he calls

llámame - call me

llamar - to call

llamarles - to call them

llamarlo - to call him

llamarnos - to call us

llamaron - they called

llame - s/he calls

llamo - I call

(me) llamo - I call myself

llega - s/he arrives

llegamos - we arrive

llegan - they arrive
llegar - to arrive
llego - I arrive
llegó - s/he arrived
llegue - s/he arrives
lleva - s/he takes, brings
llevan - they take, bring
llevar - to take, bring
llevara - s/he takes, brings
llevarlos - to take, bring them
llevarme - to take, bring me
llevarte - to take, bring you
lleve - s/he takes, brings
llevó - s/he took, brought
llora - s/he cries
lloramos - we cry
lloran - they cry
llorando - crying
llorar - to cry
lloras - you cry
llore - s/he cries
(no) llores - (don't) cry
lloro - I cry
lo - it, him
los - the; them
luces - lights
luz - light

M

madre - mother
mamá - mom
mami - mommy
mañana - tomorrow; morning
mañanas - mornings
manera - manner
mango - mango
mano - hand
maravilla - marvel, wonder
marca - s/he, it marks
marcha - s/he marches
marchan - they march
mariachi - a style of music in Mexico
más - more
matar - to kill
matarlo - to kill him
matarnos - to kill us
mataron - they killed
matarte - to kill you
mayo - May
Mazatlán - a city in Sinaloa, Mexico
me duermo - I fall asleep
medianoche - midnight
mensaje - message

mes(es) - month(s)

mesera - waitress

mexicana - Mexican

mexicano - Mexican

mexicanos - Mexican

mí - me

mi - my

miedo - fear

mientras - while

mija - term of endearment for a daughter or girl

mijo - term of endearment for a son or boy

mil - one thousand

militar(es) - military

milla(s) - mile(s)

minutos - minute(s)

mira - s/he watches, looks at

miran - they watch, look at

miraron - they watched, looked at

miró - s/he watched, looked at

miro - I watch, look at

mis - my

misa - mass (Catholic religious service)

misteriosa - mystery

momento - moment

montañas - mountains

morgue - morgue

motor - motor

mucha - much, a lot

muchas - many

mucho - much, a lot

muchos - many

muerte - death

mujer - woman

música - music

muy - very

N

NACARA - The Nicaraguan Adjustment and Central American Relief Act

nación - nation

nada - nothing

necesarios - necessary

necesidad - necessity

necesitamos - we need

necesitan - they need

necesitas - you need

necesito - I need

negligencia - negligence

negro - black

nerviosa - nervous

nerviosamente - nervously

nervioso - nervous

nerviosos - nervous

ni - neither

niña - little girl

niñitos - little boys, little children

niños - boys, children

no - no

noche - night

normal - normal

normalmente - normally

norte - north

nos - us

nosotros - we

nota - s/he notes, notices

notaron - they noted, noticed

noticias - news

noto - I note, notice

novecientos - nine hundred

noventa - ninety

nuestra - our

nuestras - our

nuestro - our

nuestros - our

nueve - nine

nuevo - new

O

o - or

Oaxaca - the name of both a Mexican state and its capital city

observa - s/he observes

observador - observer

observo - I observe

obsesión - obsession

obtener - to obtain

obtenerla - to obtain it

obtengo - I obtain, get

obtiene - s/he obtains

obvio - obvious

ochenta - eighty

ocho - eight

octubre - October

oficial(es) - official; officer

oficina - office

ofrece - s/he offers

ofrecer - to offer

onza - ounce

opciones - options

opresión - oppression

organiza - s/he organizes

organización - organization

organizamos - we organize

organizar - to organize

organizo - I organize
origen - origin
oscura - dark
oscuridad - darkness
oscuro - dark
otra - other, another
otra vez - again
otras - others
otro - other, another
otros - others

P

paciencia - patience
padre - father
padres - parents
págame - pay me
pagamos - we pay
pagar - to pay
pago - I pay
pagó - s/he paid
país - country
pánico - panic
papá - papa, dad
papeles - papers
papi - daddy
para - for, to; s/he, it stops
para que - in order that
paralizada - paralyzed

parar - to stop
parece - s/he, it seems, looks like
parecen - they seem, look like
parecía - s/he, it seemed, looked like
párense - stop, halt
parque - park
participación - participation
participar - to participate
pasa - s/he, it passes, spends (time)
pasamos - we pass, spend (time)
pasan - they pass, spend (time)
pasando - passing, spending (time)
pasar - to pass, to spend
pasión - passion
paso - I pass, spend (time)
patio - patio
patrulla - patrol
Patrulla Fronteriza - Border Patrol
pensamos - we think
pensando - thinking
pensar - to think
perdón - pardon, excuse

perdóname - pardon me, excuse me

perfecto(s) - perfect

periódicos - newspapers

permanente - permanent

permiso(s) - permission, permit(s)

permite - s/he, it permits

pero - but

persistente - persistent

persona(s) - person(s)

pesos - currency of Mexico

petición - petition, request

piensas - you think

pienso - I think

pistolas - pistols

plan - plan

planeaba - s/he planned, was planning

planeaban - they were planning

planes - plans

playa - beach

plaza - plaza, town square

pobre - poor

pobres - poor

poco - (a) little

pocos - few

podemos - we are able

policía - police

policiaca - police

policías - police officers

política - political

políticos - political; politicians

popular - popular

por - for, in exchange for

por favor - please

por fin - finally

por qué - why?

porque - because

posible - possible

preciosa - precious

pregunta - s/he asks

preguntarle - to ask him/her

preguntaron - they asked

preguntas - questions

preguntó - s/he asked

pregunto - I ask

preocupada - preoccupied, worried

prepara - s/he prepares

preparar - to prepare

preparo - I prepare

presentar - to present

presentes - present

presidente - president

pretenden - they pretend

primo - cousin
prisión - prison
privado - private
problema(s) - problem(s)
proceso - process
programa - program
pronto - soon
protección - protection
protege - protect
protegeré - I will protect
proteja - protect
público(a) - public
puede - s/he is able
pueden - they are able
puedes - you are able
puedo - I am able
puente - bridge
pum - bang; boom (sound)
puro - pure

Q

que - that
qué - what
¿Qué tienes? - What's the matter?
querida - dear
quetzales - currency of Guatemala
quién - who

quiénes - who
quiere - s/he wants
quieres - you want
quiero - I want
quince - fifteen

R

radio - radio
rápidamente - rapidly, quickly
rápido(a) - rapid, fast
reacciona - s/he reacts
realmente - really
recibí - I received
recibimos - we receive, received
recibió - s/he received
recibiste - you received
regresa - he she regresses, returns
regresamos - we regress, return
regresar - to regress, return
regrese - s/he regresses, returns
regresé - I returned
regreso - I return
relacionada - related
remota - remote

renta - s/he rents
rentamos - we rent
rentando - renting
rento - I rent
(de) repente - suddenly
repite - s/he repeats
representa - s/he represents
residencia - residency
residente(s) - resident(s)
respira - s/he breathes
respiración - breathing
respondas - you respond
responde - s/he responds
responden - they respond
responderle - s/he responds to him/her
respondí - I responded
respondo - I respond
responsabilidad - responsibility
restaurante - restaurant
resto - rest (quantity)
reunión - reunion, meeting
reunirme - to reunite
reunirnos - to reunite
revelar - to reveal
revelo - I reveal
rifles - rifles
río - river

S

San Ysidro - a district of the City of San Diego, California, immediately north of the U.S.- Mexico border
sarcásticamente - sarcastically
sarcástico - sarcastic
secretaria - secretary
seguimos - we continue
seis - six
seiscientos - six hundred
separación - separation
separados - separated
septiembre - September
ser - to be
servicio - service
si - if
sí - yes
siete - seven
sigo - I continue, follow
sigue - continue, follow
siguiéndonos - following us
siguiente(s) - following
silencio - silence
silenciosa(s) - silent
silenciosamente - silently
sin - without

Glosario

sindicato - labor union
siniestra - sinister; evil
situación - situation
sobre - about
sofá - sofa
sola - only; alone
soldado(s) - soldier(s)
solicitar - to seek, request
solicitó - s/he solicited, requested
solicitud - solicitation, request, application
sólida - solid
solo - only; alone
solos - alone
son - they are
soy - I am
su(s) - your
suena - sounds, rings
suficiente - sufficient, enough
súper - super
suroeste - southwest

T

también - also, too
tampoco - neither
Tapachula - a city in Chiapas, Mexico

tarde - afternoon
te - you; yourself
telefónico - telephone
teléfono - telephone
televisión - television
tenemos - we have
tener - to have
tengas - you have
tengo - I have
tenía - s/he, I had
terror - terror
ti - you
tía - aunt
tiempo completo - full time
tiempo - time
tiene ___ años - s/he has ___ years (s/he is _____ years old)
tiene - s/he has
tiene agarrada - s/he has hold of
tiene hambre - s/he has hunger (is hungry)
tiene miedo - s/he has fear (is afraid)
tienen - they have
tienes - you have
(¿Qué) tienes? - What's the matter?

Tijuana - a city in Baja California, Mexico that borders the US

tío - uncle

toda - all

todavía - still

todo - all

todos - all, everyone

toma - s/he takes

tomé - I took

tomen - they take

tomo - I take

tono - tone

tortillas - tortillas

tortillería - tortilla shop

trabaja - s/he works

trabajador - worker, hard worker, hard working

trabajadores - workers

trabajan - they work

trabajando - working

trabajar - to work

trabajo - I work

trampa - trap

transportar - to transport

transporte - transport, transportation

a través de - across

treinta - thirty

tremendo - tremendous

tres - three

triste - sad

tu - your

tú - you

tus - your

Tuxtla Gutiérrez - the capital city of Chiapas, Mexico

U

un - a; an; one

una - a; an; one

unas - some

uno - one

unos - some

urgencia - urgency

urgente - urgent

usted - you

ustedes - you

V

va - s/he goes, is going

valiente - valiant, brave

valientemente - valiantly, bravely

vámonos - let's go

vamos - we go, are going

van - they go, are going

Glosario

varios - various
vas - you go, are going
ve - s/he sees
vehículo - vehicle
veinte - twenty
veinticuatro - twenty four
veintinueve - twenty nine
veintitrés - twenty three
vemos - we see
venir - to come
ventana - window
veo - I see
ver - to see
verlos - to see them
verte - to see you
vez - time
(otra) vez - (another) time; again
vida - life
viene - s/he comes
violencia - violence
violentamente - violently
violentos - violent
visitar - to visit
visité - I visited
vivan - they live
vive - s/he lives
viven - they live

vivimos - we live
vivir - to live
voces - voices
vomita - s/he vomits
vomitando - vomiting
vomitar - to vomit
vómito - vomit
voy - I go, am going
voz - voice

Y

y - and
ya - already
ya no - anymore
yo - I

Z

zona - zone

TO READ THIS BOOK
IN PAST TENSE, TURN
BOOK OVER AND READ
FROM FRONT COVER.